Katrin Behrend

Cochon d'Inde

Bien le comprendre et bien le soigner

Les conseils d'un expert pour votre animal favori

Photos couleurs :
Karin Skogstad

Illustrations :
György Jankovics

Traduction :
Florence Sénès

HACHETTE

Table des matières

Préface 3

Avant d'acheter un cochon d'inde 4
Dix questions à se poser 4
Un solitaire ou un couple ? 4
Un mâle ou une femelle ? 6
Les différentes races 7
Où acquérir des cochons d'Inde? 7
Cinq conseils pour l'achat 7
Vos vacances 9

Tout ce dont un cochon d'Inde a besoin 10
Une cage confortable 10
Une bassine en plastique pour demeure 11
Une maisonnette à faire soi-même 11
Un abri où dormir 14
Une bonne litière 15
Les mangeoires 15
Un récipient pour la nourriture et une fontaine-buvette 15
Un peigne et une brosse pour les soins du pelage 16

Des instruments pour nettoyer la cage 17

Comment vous comporter avec votre cochon d'Inde? 18
Où placer la cage? 18
Sa nouvelle demeure 18
Comment habituer votre cochon d'Inde à son installation? 18
L'apprivoiser 19
Si un cochon d'Inde reste méfiant : comment le porter? 21
Votre cochon d'Inde et les enfants 21
Les autres animaux familiers 22
La propreté 23
En liberté dans l'appartement 23
Sur le balcon en été 25
Le cochon d'Inde dans le jardin 25
Les soins du pelage 27
Lui couper les griffes 28
Contrôle des dents 28
Une maisonnette propre 29
Ce qui menace les cochons d'Inde 29

L'équilibre alimentaire 30
Le foin : l'aliment de base 30
Légumes, plantes et fruits 30
Les aliments préparés 31
Les aliments à ronger 33
Ne pas oublier l'eau 33
Vitamines et minéraux 33
Les dix règles d'or de l'alimentation 33
Suggestions de menus 34

Que faire en cas de maladie ? 35
Mieux vaut prévenir que guérir 35
Les premiers soins 35
La visite chez le vétérinaire 36
Conseils d'hygiène 38
Le faire piquer 38
Liste des maladies et malaises 39

Les cochons d'Inde ont des petits 41
Une progéniture parfois inattendue 41
La vie du couple 41
La cour 42
l'accouplement 42
La gestation 42
Le mâle peut-il être dans la cage lors des naissances ? 43
La naissance 43
Des nouveau-nés déjà autonomes 43
Avec quelle régularité la femelle peut-elle être couverte? 45
La vie de famille 46

Les diverses races et couleurs de pelage 47
L'animal familier des Indiens 47
Comment le cochon d'Inde arriva en Europe? 47
La diversification des races 47
Les races à poil court 48
Les races à pelage particulier 49
Les races à poil long 50

Comprendre les cochons d'Inde 51
Classement zoologique 51
L'ancêtre : le cochon d'Inde sauvage 51
Les espèces sauvages 51
Son nom dans d'autres langues 53
La vie en groupe 53
Stratégie de survie 55
Le langage des cochons d'Inde 56
L'ouïe, la vue, l'odorat des cochons d'Inde 57
Ce que les cochons d'Inde peuvent apprendre 58

Index 60

Adresses et bibliographie 63

Préface

On ne peut qu'aimer un cochon d'Inde : si mignon et drôle surtout lorsqu'il est encore une boule, au pelage hérissé d'épis inattendus.
C'est le compagnon de jeu idéal des enfants, parce qu'il recherche la compagnie, aime à être caressé et cajolé, et parce qu'il est d'autant plus vivant qu'il a des occasions de s'amuser, et d'autant plus raisonnable que l'on s'occupe de lui comme il convient.
Ce guide vous indique comment prendre soin de votre animal, ce qu'il faut savoir lors de l'achat de la cage et des accessoires, quelles précautions prendre quand vous le laissez s'ébattre afin qu'il ne se fasse pas mal, comment l'habituer à être propre, comment bien le nourrir, et ce qu'il convient de faire s'il tombe malade.
Toutes ces indications sont si aisées à suivre que les enfants également peuvent apprendre à s'occuper de leur animal.
Les magnifiques photos que Karin Skogstad a spécialement faites pour ce livre, et les nombreux croquis de György Jankovics présentent cet animal familier apprécié d'une manière attrayante.
L'auteur et l'équipe de rédaction de cette collection vous souhaitent de passer des moments agréables avec vos cochons d'Inde.

Les cochons d'Inde sont des animaux vifs et amusants qui peuvent apporter beaucoup de joie à leur propriétaire. Mais il est nécessaire d'en prendre soin avec amour et de la manière qui convient, de les occuper et de les amuser, afin que leurs instincts et leurs sens soient sans cesse stimulés et qu'ils ne dépérissent pas tristement dans leur cage.

Avant d'acheter un cochon d'Inde

Un cochon d'Inde dépérit s'il doit rester souvent seul, parce que c'est un animal sociable, qui vit en bande à l'état sauvage. Si vous devez être absent de la maison toute la journée, ayez deux cochons d'Inde. Un couple de femelles s'entend à merveille.

Les premiers animaux que l'on m'offrit dans mon enfance étaient deux cochons d'Inde. C'est ma voisine qui me les donna avec un vieux clapier à lapins et elle promit de me fournir du foin. Je fus autorisée à installer la cage sur notre immense balcon, et allais chaque matin chercher de l'herbe pour mes protégés. Parfois, je les emmenais avec moi dans les prés, ce qui aboutissait alors à une folle poursuite, parce qu'ils se tapissaient dans les endroits les plus inaccessibles.
Un matin, en ouvrant la porte de la cage, je trouvai quatre cochons d'Inde au lieu du couple. Je fus transportée de joie. Bien sûr, cette "miraculeuse" prolifération se poursuivit à un rythme soutenu, si bien que très vite une douzaine de cochons d'Inde se bousculèrent dans la cage devenue trop étroite et ma mère intervint énergiquement.
J'ignorais alors tout de ces animaux et de leur vie. Bien qu'ils ne posent pas de problèmes particuliers, il est nécessaire de bien réfléchir avant de les adopter.

Dix questions à se poser

1 - La longévité d'un cochon d'Inde peut atteindre huit à dix ans. Etes-vous prêt à vous en occuper aussi longtemps ?
2 - Il a besoin d'une cage spacieuse pour se sentir bien.
3 - Sa cage doit être toujours propre, et sa nourriture fraîche.
4 - Il aime la compagnie, a quotidiennement besoin de contacts et de s'ébattre.
5 - Veillez discrètement au bien-être du cochon d'Inde que vous offrez à votre enfant.
6 - En s'ébattant dans les pièces de la maison, il lui arrive de mordiller meubles et tapis, ou de laisser derrière lui une flaque d'urine, des petites crottes.
7 - Songez qu'il doit être nourri pendant vos absences : vacances, hospitalisations.
8 - Vos autres animaux familiers risquent de ne pas s'entendre avec lui.
9 - S'il tombe malade, vous devrez l'amener chez le vétérinaire, ce qui peut être onéreux.
10 - Important : avant d'acquérir l'animal, vérifiez si ni vous, ni aucune autre personne de votre famille n'est allergique aux poils d'animaux.

Un solitaire ou un couple ?

Les cochons d'Inde aiment la compagnie, vivent dans la nature en groupe, aussi pouvez-vous envisager d'acquérir tout de suite deux animaux.

Les cochons d'Inde sont des animaux familiers parfaits pour les enfants car ils s'apprivoisent très bien.

Si l'enfant désire surtout un compagnon de jeu, un seul *cochon d'Inde* convient mieux. Il s'apprivoisera plus facilement et se laissera adopter par l'enfant. Mais

Les cochons d'Inde reconnaissent à l'odeur s'ils appartiennent à la même famille. Ils se flairent, nez contre nez, pour sentir l'odeur du voisin.

vous ne devrez pas relâcher votre attention. Si vous prévoyez que les tâches ménagères seront trop importantes ou que d'autres occupations vous absorberont, il vaut mieux acquérir un deuxième animal, que vous pourrez mettre seulement plus tard en compagnie du premier.
Un couple n'est à conseiller que si vous désirez faire un élevage (voir p. 26). J'ai signalé au début de ce livre que les cochons d'Inde sont extraordinairement prolifiques ; l'on peut espérer quatre à cinq portées par an. Une chambre d'enfant peuplée de cochons d'Inde est fort jolie, mais la question du placement des petits se posera souvent.
Deux femelles s'entendent très bien.
Deux mâles adultes commencent par se combattre, et peuvent s'infliger des morsures sérieuses. Vous devrez donc faire couper les deux animaux. Cette opération ne peut être pratiquée que par un vétérinaire.
Mon conseil : si vous avez un couple, laissez la femelle avoir une première portée, puis faites opérer le mâle.

Un mâle ou une femelle ?

Le choix d'un mâle ou d'une femelle est important pour le propriétaire. Arrivé à l'âge adulte, *un mâle* répand une odeur forte, mais qui disparaît si vous le faites opérer vers huit ou douze mois. Les mâles sont plus gras et plus vifs.
Une femelle présente des avantages. Sa taille reste plus petite, elle ne sent pas aussi fort que le mâle à l'âge adulte, et elle est souvent plus affectueuse.
Mais il arrive que l'on achète une femelle déjà gravide, ou que votre enfant l'amène chez un ami qui possède un mâle. La femelle peut être couverte subrepticement, et vous voilà affligé d'une progéniture que vous n'avez pas désirée.
Reconnaître le sexe n'est pas facile, surtout chez les animaux jeunes. Laissez un commerçant spécialisé le faire. Pour votre information : chez le jeune mâle, un espace est visible entre le sexe et l'anus. Si vous appuyez doucement avec votre index sur le ventre du mâle, dans la région anale, le pénis pointe.
Chez les mâles plus âgés, l'on voit nettement les rondeurs des testicules, à droite et à gauche de l'anus. Chez la femelle, le sexe est une fente allongée qui s'étire jusqu'à l'anus.

Les différentes races
Les cochons d'Inde se différencient surtout par le pelage (voir p. 47, Races et couleurs).
Le cochon d'Inde à poil ras, parfois dénommé *cochon d'Inde anglais :* il est mince, sa fourrure est brillante, lisse, et il en existe plusieurs couleurs (voir p.49).
Le cochon d'Inde à rosette : à la suite d'une mutation, les poils forment des touffes, des rosettes, un peu partout sur le corps. Cela lui donne une allure gaie et un peu ébouriffée (voir p.49, Pelages particuliers).
Le cochon d'Inde angora : ses poils magnifiques, doux comme de la soie, peuvent atteindre 15 cm de long, et nécessitent d'être soignés, sinon ils se collent. Son pelage peut être de teintes variées, tout comme le pelage des variétés à poil court.
Il en existe deux variétés : péruvien et shelty(voir en p. 50).
Conseil aux novices : choisissez plutôt l'une des deux premières races. Ce sont celles dont l'entretien est le plus simple.

Où acheter votre cochon d'Inde ?
Qui ne s'est jamais arrêté devant la vitrine d'un marchand d'animaux en voyant une famille de cochons d'Inde y folâtrer. Le rayon spécialisé des grands magasins propose des cochons d'Inde au pelage de couleurs variées, et si un cochon d'Inde à rosette, tout ébouriffé, a un regard affectueux, les enfants s'attachent à lui.
Si vous souhaitez une espèce particulière, adressez-vous à un éleveur (adresses en p. 63). Vous pouvez également contacter des personnes qui ont des cochons d'Inde à offrir.

Cinq conseils d'achat
1 - Préférez un animal jeune. Sa taille est inférieure à celle des adultes, il doit être âgé de cinq à six semaines. Une femelle âgée de plus de deux mois risque de porter déjà des petits.
2 - Ils aiment la compagnie. Observez le comportement de l'animal choisi envers ses compagnons. Un animal mornement assis dans un coin est malade.
3 - Examinez le pelage. Une chute abondante de poils, des poils clairsemés sont un signe de maladie ou de vieillesse.
4 - Demandez au vendeur de vous montrer les dents de l'animal. Si elles

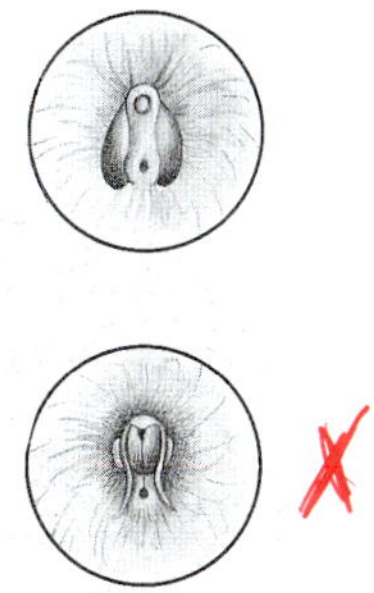

Chez le mâle, dessin du haut, la distance entre le sexe et l'ouverture anale est plus importante que chez la femelle, dessin du bas.

Pour déterminer le sexe, appuyez doucement sur le ventre du cochon d'Inde dans la région anale. Chez le mâle, le pénis devient visible.

Une cage spacieuse dans laquelle deux cochons d'Inde peuvent vivre à l'aise.

sont mal placées, vous aurez des problèmes (voir p. 28 Contrôle des dents).

5 - Prélevez un peu de la litière de la cage de l'animal. Cela l'aidera à s'habituer à sa nouvelle installation.

Bien choisir son cochon d'Inde

Un cochon d'Inde en bonne santé a :

- Une fourrure épaisse sur tout le corps. Les oreilles et le bas des pattes seulement sont dépourvus de poils.
- Un corps trapu.
- Un derrière propre.
- Des yeux secs, qui ne larmoient pas.
- Un nez sec.

Il est gai, vif, et "discute" avec ses semblables par toutes sortes de petits cris.

Un cochon d'Inde malade a un pelage ébouriffé et terne. N'achetez pas l'animal si vous constatez que le nez et les yeux coulent, que les yeux sont larmoyants, rouges, enflés, que les oreilles sont sales, que des petites croûtes apparaissent sur le museau. *Mon conseil :* en cas de diarrhée (reconnaissable par un derrière souillé), n'achetez aucun des autres animaux de la cage. La diarrhée est parfois provoquée par des bactéries contagieuses ou par des infections virales.

Vos vacances

Avant d'acheter l'animal, examinez le problème des vacances. Votre cochon d'Inde peut rester sans difficulté un jour ou deux seul dans sa cage, s'il dispose d'eau, de nourriture sèche et de foin en quantité suffisante.
Si vous devez être absent plus longtemps, vous pouvez choisir entre deux solutions :
L'emmener avec vous : d'habitude, il supporte bien voyage et changement de climat. Vous pouvez donc l'emporter dans sa cage ou dans une caisse construite pour le transport. N'oubliez pas de le protéger des courants d'air et du soleil intense durant le voyage. Avant de partir, demandez si les hôteliers acceptent votre compagnon. Pour un voyage à l'étranger, renseignez- vous sur les formalités exigées.
Le faire garder : si vous le remettez à des parents ou à des amis, prévoyez une provision de foin, de nourriture, de litière. Laissez des conseils précis, et n'oubliez pas de signaler qu'il a besoin de caresses ! Mettez en garde contre les dangers qui menacent un petit animal, afin d'éviter une mésaventure semblable à celle qui nous est arrivée. Nous avions remis nos femelles cochon d'Inde Finni et Fanni à une voisine qui installa la cage sur son balcon. Nous n'avions pas pensé aux chats, et Finni fut dévorée par un matou du voisinage. Vous pouvez le faire garder dans la plupart des magasins spécialisés ou dans les foyers pour animaux. Inscrivez-vous à temps et demandez si votre animal peut rester dans sa cage personnelle.

Un poste d'observation en hauteur.

Une pierre rugueuse pour se faire les griffes.

Photos ci-dessus : une installation qui convient à votre animal : les cochons d'Inde aiment avoir une litière épaisse, un abri où se glisser et un poste d'observation en hauteur.

Tout ce dont un cochon d'Inde a besoin

Ces animaux n'exigent aucune installation particulière, mais il est indispensable de satisfaire leurs modestes exigences afin qu'ils soient gais, en bonne santé et se sentent bien chez vous.

Une cage confortable

Vous trouverez dans le commerce une grande variété de tailles et de formes de cages.

Une cage de 68 x 36 x 35 cm convient à un cochon d'Inde. Elle doit avoir un fond en plastique, et une partie supérieure grillagée et amovible.

Le fond doit avoir 10 à 15 cm de profondeur, afin d'éviter que les brins de paille voltigent à l'extérieur quand le cochon d'Inde fouille fébrilement dans sa litière.

Un grillage à ouverture latérale permet au cochon d'Inde de sortir et de rentrer tout seul. Une ouverture au sommet facilite le nettoyage et le remplissage des mangeoires. Il est plus aisé de sortir l'animal de sa cage par une ouverture dans le haut.

Deux cochons d'Inde, ou plus, ont besoin d'une cage plus grande, d'au moins 80 x 80 x 45 cm ou de 100 x 40 x 35 cm, sauf si les animaux vivent en liberté dans l'appartement et ne viennent dans leur cage que pour dormir et manger.

Un couvercle amovible en plastique, muni d'un grillage pour l'aération dans la partie supérieure, *est à déconseiller*. Bien sûr un tel couvercle est plus propre mais il isole trop le cochon d'Inde. De plus, cet abri de plastique peut devenir une serre si la cage est exposée au soleil, ou trop près d'un radiateur. Les cochons d'Inde sont originaires des

La cage idéale :

Matière : un fond en plastique et un grillage métallique dans la partie supérieure.
Dimensions : au moins 68 x 36 x 35 cm.
Epaisseur du fond : 10 à 15 cm.
Partie supérieure grillagée : ouvrable au-dessus ou sur le côté.
Variantes possibles : une bassine en plastique, ou une maisonnette à bricoler soi-même (voir p.11).

Dans cette architecture de pièces de jeu de construction et de petits chariots de bois, les jeunes cochons d'Inde peuvent se poursuivre infatigablement.

pays chauds, mais ils ne supportent pas une telle chaleur.
N'installez pas votre cochon d'Inde dans un carton, *cela ne lui convient pas :* un carton est vite rongé ou trempé d'urine.
Les caisses en bois (voir dessin ci-contre) sont à déconseiller si elles ne sont pas dotées d'un fond spécial. Leur nettoyage est difficile et elles absorbent l'urine, ce qui est malsain et laisse une odeur forte dans l'appartement.

Une bassine en plastique pour demeure

De nombreux propriétaires de cochons d'Inde ont recours à cette solution. Elle présente cependant des inconvénients.
Avantages : meilleur marché à l'achat, l'animal se sent davantage protégé, les brins de paille ne souillent plus le sol, la bassine - qui doit avoir les dimensions de la cage - est facile à nettoyer et à laver à grande eau.
Inconvénients : le cochon d'Inde ne voit pas ce qui se passe à l'extérieur. Il est difficile d'y fixer la mangeoire et la fontaine-buvette et il n'est pas protégé des chats qui peuvent être dangereux pour lui.
Mon conseil : puisque votre cochon d'Inde a besoin d'un abri où dormir , vous pouvez combiner les deux. Placez la petite caisse de bois, percée d'une ouverture, dans la bassine - dont les dimensions doivent être de 20 x 15 x 15 cm, et fixez-y la mangeoire pour le foin et la fontaine-buvette. S'il désire regarder à l'extérieur, le cochon d'Inde peut alors sauter sur la petite caisse et voir par-dessus le bord de la bassine.

Bricoler une maisonnette

Vous trouverez dans le commerce des maisonnettes à monter vous-

Lorsque les cochons d'Inde se reposent ou dorment, ils sont allongés sur le ventre et étirent leurs pattes sous leur corps. Cela diffère des autres rongeurs, qui eux s'enroulent.

même, pratiques et maniables. Mais si vous préférez créer, vous pouvez donner libre cours à votre fantaisie. Construisez une demeure dans laquelle votre cochon d'Inde retrouvera tout ce qui constitue son cadre de vie naturel ; des cachettes, des petits renfoncements, un endroit plus élevé pour observer ce qui se passe à l'extérieur de la cage, des pierres sur lesquelles se faire les griffes, des branches à ronger.
Si vous prévoyez un deuxième étage, vous offrez un double agrément à votre cochon d'Inde : une cachette en bas, et un poste d'observation en haut.

Le logis des cochons d'Inde est une simple caisse en bois avec une entrée. Les cochons d'Inde peuvent s'y retirer et y manger.

Cochon d'Inde péruvien, tricolore.

Cochon d'Inde péruvien, noir.

Cochon d'Inde à rosette.

Cochon d'Inde sauvage.

Cochon d'Inde à poil lisse et cochon d'Inde à rosette.

:hon d'Inde à rosette.

Différentes races de cochons d'Inde. Elles se différencient par leur pelage et par les nombreuses couleurs. A l'intérieur des races les plus répandues : à poil lisse, à rosette, et angora, il existe de nombreuses variétés.

:hon d'Inde à rosette.

Cochon d'Inde à rosette.

Il est important de prévoir dès le début un fond amovible en plastique ou en zinc parce que le bois absorbe l'urine - ainsi que je l'ai déjà indiqué.
Voici comment vous devez vous y prendre :
- Les dimensions : semblables à celles de la cage, 68 x 36 x 35 cm.
- Le matériau : des planches de bois blanc de 20 mm d'épaisseur, imperméables.
- L'étage : un tiers de la superficie, à environ 15 cm de haut.
- Le bord : 35 cm de hauteur sur trois côtés, sur le quatrième côté face à l'étage 25 cm de hauteur, recouvrir d'un grillage. Ce côté doit s'ouvrir, afin de pouvoir sortir le fond pour le nettoyer.
- Accessoires : Une pierre plate, posée devant l'étage afin que les cochons d'Inde courent dessus quand ils veulent sauter vers l'étage (voir p.28, Couper les griffes). Des branches à ronger et à grignoter.

A l'état sauvage, le cochon d'Inde ne peut se protéger de ses ennemis qu'en se cachant, aussi l'abri dans lequel il se retire pour dormir correspond très bien à ses conditions de vie naturelle.

Un abri où dormir

Quand les cochons d'Inde veulent se reposer, ils aiment se retirer dans un abri placé dans la cage. Une petite maison de bois de la taille de l'animal et dans laquelle une ouverture a été pratiquée convient.
Vous pouvez acheter dans les magasins spécialisés des maisonnettes de bois ou de plastique de tailles différentes. Cette fois le bois est préférable au plastique parce que le cochon d'Inde peut s'y faire également les dents. Vous devrez donc changer la maisonnette quand cela sera devenu nécessaire.
Je vous déconseille les abris fermés en plastique. Ils sont insuffisamment poreux, et la respiration du cochon d'Inde provoque de la buée sur les parois.
Conseils aux bricoleurs : vous pouvez monter vous-même ce petit abri, en suivant les indications suivantes :
- N'employez pas de contre-plaqué car la colle que contient ce matériau en grande quantité est un poison pour les cochons d'Inde. Le bois naturel comme l'épicéa, le pin, le mélèze convient mieux. Il est tendre et facile à travailler.
- N'assemblez pas les planches par des agrafes ; le cochon d'Inde risque de s'y blesser en les rongeant. Préférez des équerres métalliques, plus difficiles à arracher.
- Si vous assemblez les planches par de la colle, utilisez une colle non toxique. Laissez sécher à l'air libre

après collage. Les abris assemblés à la colle doivent être stabilisés aux quatre coins par des planches supplémentaires.

Une bonne litière

L'on trouve dans le commerce une litière naturelle pour les petits

Votre cochon d'Inde a besoin de :

Une cage
Un abri
2 mangeoires
Une litière pour petits animaux
Un récipient
Une fontaine-buvette
De la paille
Eventuellement de la litière pour chat

animaux. Elle est particulièrement absorbante et dépourvue de substances toxiques. Pour atténuer l'odeur, je vous conseille d'étendre une couche de litière pour chats sur le fond de la cage. Certains propriétaires de cochons d'Inde ne sont pas de cet avis. Ils craignent que les jeunes animaux rongent non seulement le foin et la paille, mais également la litière pour chats et qu'ils finissent par s'intoxiquer. Observez ce que font vos cochons d'Inde, et si c'est nécessaire, renoncez à la litière pour chats. *Les cochons d'Inde apprécient les litières de paille.* Vous pouvez vous en procurer dans les magasins spécialisés ou chez un paysan. *Important :* choisissez de la paille d'avoine non traitée. Elle n'est pas aussi absorbante que la paille de blé et doit être changée plus souvent.

Les mangeoires

Deux mangeoires destinées à recevoir la nourriture doivent se trouver dans chaque cage. La première reçoit le foin, la deuxième les légumes verts - qui ne doivent jamais être jetés dans la cage, parce qu'ils se souillent alors d'excréments et d'urine. Un couvercle en bois à charnières sur le dessus de la mangeoire est pratique. Le cochon d'Inde aimera y grimper et appréciera la vue qui s'offre à lui. Pour les animaux jeunes, le couvercle est même à conseiller, car ils aiment sauter et risquent de rester accrochés par les pattes à la mangeoire.

Un récipient pour la nourriture et une fontaine-buvette

Choisissez *l'écuelle* pour la nourriture en porcelaine ou en terre cuite vernissée, rétrécie vers le haut. Ainsi

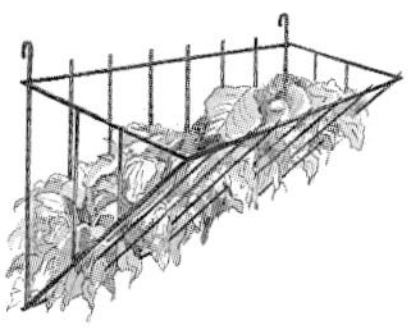

Le cochon d'Inde apprécie d'avoir un "toit sur la tête". A l'état sauvage, il ne peut se protéger de ses ennemis qu'en se cachant, aussi l'abri dans lequel il se retire pour dormir correspond très bien à ses conditions de vie naturelle.

Les cochons d'Inde apprennent vite à boire à la fontaine-buvette. Ils peuvent ainsi étancher leur soif à leur guise.

Les cochons d'Inde aiment être deux autour de leur écuelle de nourriture.

elle ne se renversera pas quand l'animal y pose ses pattes en mangeant. Les assiettes en plastique se renversent facilement, et les cochons d'Inde n'aiment pas chercher leur nourriture dans la paille.
Pour l'eau potable, choisissez plutôt *une fontaine-buvette*, ou *bouteille étanche*, que vous pouvez accrocher au grillage. Le réservoir en verre ou en plastique doit être muni d'un clapet à bille, afin que l'eau ne goutte pas dans la cage. Le cochon d'Inde apprend vite à boire goutte à goutte. Il n'est pas recommandé de verser l'eau potable dans un bol, car elle est vite souillée.

Peigne et brosse pour les soins du pelage

Les cochons d'Inde apprécient d'être longuement peignés et brossés. Pour certaines espèces les soins du pelage sont même indispensables.

Les feuilles de trèfle sont savoureuses mais provoquent des ballonnements.

Photos ci-contre : la nourriture doit être variée. Les cochons d'Inde dont on s'occupe ne mangent que s'ils ont faim. Les animaux qui ne sortent jamais de leur cage mangent plus que nécessaire par ennui.

Pour les *cochons d'Inde à poil lisse*, il faut une brosse d'une dureté moyenne. Les *cochons d'Inde à rosette* doivent être brossés avec douceur et peignés avec un peigne aux longues dents. Il en est de même pour les *cochons d'Inde angora.*

Des instruments pour nettoyer la cage

Si vous n'utilisez pas la litière pour chats (voir p. 15), l'urine se déposera dans les coins de la cage. Celle-ci dégage une odeur forte, aussi vous devez tout d'abord avoir sous la main :

- Une brosse.
- Une pelle.
- Un dissolvant.

Pour respecter l'environnement, évitez d'utiliser un dissolvant chimique, préférez-lui un produit naturel à base de vinaigre ou de citron.

Comment vous comporter avec votre cochon d'Inde ?

Pour les enfants il n'y a pas d'animal domestique plus familier que le cochon d'Inde. Il est sociable, doux, aime se faire caresser et cajoler. C'est aussi un animal éveillé et animé.

Où placer la cage ?
Bien l'installer : avant d'amener votre cochon d'Inde chez vous, vous devez avoir installé sa cage et déterminé son emplacement définitif.
Sachez que :
- Il préfère une pièce claire, pas trop chaude, sans courants d'air, dans laquelle on entend ni la télévision, ni la radio et où si possible personne ne fume.
- Il n'aime pas le bruit car il est très craintif. De plus, son ouïe est plus fine que celle de l'homme et il est sensible à des vibrations que nous ne pouvons percevoir.
- Il craint les courants d'air qui lui donnent les refroidissements dont il souffre malheureusement souvent. Placez la cage sur le sol, mais à l'abri des courants d'air, sur une table stable ou sur une commode, afin qu'il puisse voir la pièce.
- Il ne supporte pas la forte chaleur, aussi ne placez pas la cage en plein soleil ou trop près des radiateurs.
- Les caves sombres et humides sont une torture pour lui.

Mon conseil : les cochons d'Inde sont les animaux qui conviennent le mieux aux enfants (voir p. 21), et la cage se trouve donc souvent dans leur chambre. Quand des amis viennent et qu'il risque d'y avoir du bruit, installez le cochon d'Inde dans une autre pièce pour la durée de la visite. Sinon il aura très peur.

Sa nouvelle demeure
Il vaut mieux l'emmener rapidement chez vous, dans la petite niche de transport dans laquelle le commerçant l'a placé ou dans un panier. Cette situation inhabituelle va bien sûr l'effrayer et vous devez réduire autant que possible l'émotion due au transport.
Une fois à la maison, placez le panier dans la cage, ouvrez-le et laissez le cochon d'Inde sortir. Pour l'instant ne faites rien d'autre. Une épaisse couche de foin ou de paille permet à l'animal de s'y glisser et de tout observer calmement depuis ce recoin tranquille. Aidez votre cochon d'Inde à se sentir en confiance :
- En veillant à ce que le plus grand calme règne autour de la cage.
- En vous bornant à garnir la mangeoire de légumes et à changer l'eau. Ne touchez à rien dans la cage, afin qu'il se sente plus vite chez lui.
- En ne plaçant pas tout de suite l'abri pour la nuit dans la cage, mais en attendant qu'il se laisse approcher. Sinon il ne se départira pas de sa timidité et restera sous cet abri.
- Les enfants doivent attendre pour montrer leur nouveau compagnon à leurs amis.

Comment habituer le cochon d'Inde à son installation ?
L'observation : il reste un moment assis au milieu de la paille ou du foin.

Il en mordille des morceaux pour se rassurer et s'en prépare un lit. Il doit pouvoir observer ce qui l'entoure, afin de constater que rien ne le menace. Cela peut durer des heures, et même parfois des jours, selon l'anxiété du cochon d'Inde. Expliquez cela à votre enfant qui risque d'être déçu après s'être tant réjoui de ce nouveau camarade.

La familiarisation : dès que la curiosité le pousse à sortir, adressez-lui la parole et répétez son nom. Quand il ne se cache plus en vous entendant, vous pouvez le caresser doucement (voir dessin ci-contre), et s'il ne tremble pas, sortez-le doucement de sa cage et posez-le à côté de vous. Enfin, il doit se familiariser avec la pièce dans laquelle il va vivre. Il va alors adopter l'attitude qu'il aurait dans la nature. Il hasarde quelques pas timides et cherche des endroits où se cacher. Rassuré, il s'arrête, puis il fait demi-tour et court directement vers sa cage. Ensuite il repart dans une autre direction. Comme il le fait dans la nature, il trace des chemins d'exploration.

Mon conseil : disposez quelques gourmandises çà et là, et votre cochon d'Inde se sentira vite à son aise.

L'apprivoiser

Le cochon d'Inde est un animal domestiqué depuis longtemps, aussi la présence et l'odeur de l'homme ne lui sont plus totalement étrangères. Les petits, c'est-à-dire jusqu'à l'âge de quatre à six semaines, obéissent encore à l'instinct, sont craintifs et demandent au début un contact plus étroit. Tous les cochons d'Inde n'ont pas le même comportement ; bien des traits particuliers de personnalité sont visibles dès le début.

Au début : tendez-lui une carotte ou

Donnez à votre cochon d'Inde des gourmandises avec la main. Il appréciera cette attention et vous remerciera en vous manifestant confiance et affection.

un morceau de pomme en lui parlant doucement. Soyez patient, il n'osera pas approcher tout de suite, mais reniflera un peu vers vous. Il ne vous mordra pas sans prévenir (voir p. 35, Le langage des cochons d'Inde), comme le font les hamsters quand ils se sentent menacés. Il finira par vaincre sa peur et par venir chercher la gâterie dans la main. La première timidité est surmontée.

Dans un deuxième temps : maintenant que le cochon d'Inde est habitué à l'odeur de votre main et sait qu'il ne doit rien redouter, vous pouvez lui gratter doucement la tête.

Faire le beau pour une gâterie.

Mettre son butin à l'abri.

Il aime ça et reste tranquillement assis, savoure son plaisir. Vous pouvez maintenant lui caresser doucement le dos, vous aurez gagné sa confiance quand il ne se recroquevillera plus.
Dans un troisième temps : maintenant le cochon d'Inde n'éprouve plus de crainte quand vous le sortez de la cage et le prenez sur les genoux. Selon les cochons d'Inde, il faut plus ou moins de temps pour parvenir à ce résultat. Ne perdez pas patience. Expliquez cela à vos enfants qui souhaitent un compagnon de jeux. Soyez assuré que même le plus craintif des cochons d'Inde finit par venir manger dans la main.
Mon conseil : parlez-lui toujours d'une voix douce, et ne faites pas de gestes brusques. Les cochons d'Inde auraient peur et seraient plus longs à apprivoiser.

Si un cochon d'Inde reste méfiant
La méthode précédemment exposée ne connaît que peu d'échec. Sauf s'il s'agit d'animaux qui durant les premières semaines de leur vie ont vécu des mésaventures qui les ont rendus particulièrement craintifs et timides. Il n'y a alors plus qu'une solution : celle de la fermeté douce. Vous savez que le cochon d'Inde n'est pas un animal qui se défend, et que dans les moments de danger, il choisit de faire le mort plutôt que d'attaquer.
Prenez-le de nouveau sur les genoux, caressez-le et parlez-lui

Le partage vaut mieux que la bagarre.

doucement, calmement. Donnez-lui légumes et gourmandises avec la main seulement, et prenez patience. L'animal comprendra peu à peu que vous ne lui voulez pas de mal. Bien sûr il vous faudra davantage de temps pour gagner sa confiance.
Ne placez pas l'abri pour dormir dans la cage d'un tel cochon d'Inde, mais donnez-lui assez de paille pour qu'il puisse s'y cacher. Il a ainsi le sentiment d'être protégé, mais ne peut s'isoler de son entourage en permanence.

Comment le prendre dans ses bras et le porter ?

Les cochons d'Inde ont des membres frêles, ne les attrapez jamais par les pattes et surtout ne les soulevez pas en tirant sur les pattes ; vous leur infligeriez de graves entorses. Il vaut mieux attraper l'animal d'une main à hauteur du poitrail, le soulever, et protéger son arrière-train de l'autre main. Si vous voulez vous déplacer en le portant, posez-le sur votre avant-bras replié et empêchez-le de tomber avec l'autre main.
Les enfants portent mieux leur cochon d'Inde en le tenant à deux mains contre la poitrine. L'animal peut ainsi prendre appui sur ses petites pattes.

Les cochons d'Inde et les enfants

Je ne connais pas d'animal qui convienne mieux aux enfants que le cochon d'Inde. Il apprécie la compagnie, aime à être caressé et

Photos ci-dessus : *vie paisible en commun. Pour survivre, les cochons d'Inde vivent en groupe, ne se dérobent pas la nourriture, ne se disputent pas et ne se battent pas. Mais ils observent une stricte hiérarchie.*

cajolé, et plus on s'occupe de lui, plus il est éveillé. Les cochons d'Inde permettent aux enfants de savoir se comporter d'une manière saine et naturelle avec les animaux.
Mes enfants n'étaient âgés que de six et sept ans quand deux femelles cochons d'Inde Fanni et Fini arrivèrent chez nous. Mais il apprirent vite à connaître les exigences particulières de ces petites créatures. Ce sont des choses simples qui rendent vite l'animal confiant, ce qui encourage le zèle des enfants : veiller à la nourriture, à l'eau, à la propreté, ne pas négliger les marques d'affection. Les enfants ramassent régulièrement les aliments frais et nettoient la cage avec mon aide, et

Portez votre cochon d'Inde en glissant une main sous son ventre et en le retenant de l'autre main, afin qu'il ne tombe pas.

se consacrent avec sérieux aux jeux avec leur cochon d'Inde. Je n'oublierai jamais le spectacle de cochons d'Inde qui grognaient et criaient de joie au milieu de jeux de construction, d'éléments de Légo et d'une infinité d'autres objets.

Mon conseil : les parents doivent être vigilants et se sentir responsables. Jetez de temps à autre un coup d'œil dans la cage et regardez si le cochon d'Inde s'amuse toujours gaiement et s'il mange régulièrement. Un changement de comportement indique un problème de santé que les enfants ne peuvent déceler tout de suite.
Remarque : des cochons d'Inde sont morts, étreints trop fortement par des enfants affectueux. Cet animal ne se défend pas, il ne se débat pas aussi violemment que le lapin, et ne peut sauter à terre comme un chat. Expliquez cela tout de suite à votre enfant, afin de lui éviter de tuer son animal par maladresse.

Les autres animaux familiers

Les cochons d'Inde ne sont pas agressifs de nature. Ce sont des animaux qui prennent la fuite et sont par conséquent incapables de se défendre. Aussi, il ne faut pas les mettre en compagnie d'animaux qui peuvent être dangereux pour eux. Toutefois, les amitiés entre animaux sont toujours des cas particuliers. A vous de faire vos expériences.
Les lapins nains aiment en général vivre avec les cochons d'Inde, ils se comprennent entre eux. Mais il est fréquent que le lapin morde son compagnon.
L'on peut habituer *un chien* à accepter la compagnie d'un cochon d'Inde, surtout si les deux ont grandi ensemble. Mais il ne faut pas espérer que le chien résiste à son instinct de chasseur quand le cochon d'Inde court dans l'appartement.

Un chat peut prendre le cochon d'Inde comme proie, lui envoyer des coups de patte et le blesser, ou même le tuer. Mais il arrive que les deux s'entendent. Néanmoins, je ne les laisserai jamais seuls dans une chambre. Il existe bien sûr des exceptions, comme le montre la photo en page 40. Si les cochons d'Inde vivent sur le balcon, ou en liberté, il convient de les protéger contre les chats .

Les souris et les hamsters ne s'entendent pas avec les cochons d'Inde. Ils parlent une autre langue et le cochon d'Inde ne peut se défendre contre l'agressivité de ces animaux.

Les perroquets et les perruches de grande taille peuvent être dangereux pour les cochons d'Inde. Ces oiseaux deviennent vite jaloux, attaquent l'animal et lui infligent des blessures graves avec leur bec puissant. Vous ne devez jamais les laisser sans surveillance.

La propreté

Tous les cochons d'Inde ne peuvent être habitués à être propres. La plupart des animaux comprennent ce qui est permis et ce qui ne l'est pas, pour d'autres cela est plus long. Plus l'animal est jeune, plus les chances de succès sont élevées.

Voici comment procéder :

- Observez si votre cochon d'Inde a un endroit où il préfère se soulager, et placez-y un plat en plastique garni de litière pour chat ou de la litière qui se trouve d'habitude dans sa cage.
- S'il s'est soulagé ailleurs, ramassez les petites crottes, placez-les dans le plat et faites-y asseoir l'animal.

Pour la sécurité de l'animal, les enfants doivent porter leur cochon d'Inde en le tenant contre la poitrine.

- Chaque fois qu'il se soulage à l'endroit désigné, récompensez-le par une gourmandise.

Mon conseil : si l'animal vit en liberté dans l'appartement, aménagez un lieu pour ses besoins dans chaque pièce.

Si votre animal dévore ses crottes : de nombreux propriétaires qui constatent cette habitude chez leur animal la trouvent choquante. Mais il est indispensable aux cochons d'Inde de consommer ces excréments de l'appendice, parce que c'est dans l'appendice que se forment les vitamines B, et ils les absorbent par ces crottes, plus claires et plus souples que les crottes habituelles.

En liberté dans l'appartement

Les cochons d'Inde sont des animaux très vifs. Malgré leur corps dodu ils se

Un cochon d'Inde réclame des attentions qui peuvent s'exprimer de plusieurs manières. Il aime qu'on le caresse, qu'on le peigne et le brosse. En jouant avec lui, on développe ses capacités physiques et sensorielles.

déplacent rapidement, se poursuivent et organisent des courses d'obstacles, à condition de leur en offrir la possibilité.

Précautions à prendre quand il est en liberté dans l'appartement :

- Otez les tapis et les meubles précieux de la pièce, ils risquent d'être rongés et salis.
- Les fils électriques doivent être hors de sa portée. Il aime les ronger et cela peut lui être fatal.
- Disposez dans la pièce un plat de propreté garni de foin pour ses besoins.
- Ne laissez traîner ni livres ni journaux. Les cochons d'Inde sont de petits polissons et ils se précipitent de préférence sur le papier. Ils rongent également les tapisseries.
- Variez le décor familier, aménagez des angles, des recoins, des petits endroits en hauteur (pots de fleurs renversés) ou de petits obstacles sur lesquels sauter.

Sur le balcon en été

Si vous possédez un balcon, laissez vos cochons d'Inde en jouir. Aménagez-leur un endroit où ils se sentiront bien du printemps à la fin de l'automne. Quand la température descend en-dessous de 10° il convient de les rentrer dans l'appartement. Vous devez également veiller à :

La sécurité : les cochons d'Inde risquent de glisser sous les balustrades des balcons et de s'écraser au sol. Pour éviter cela, étendez un filet contre la balustrade, sur une hauteur d'environ 50 cm et fixez-le bien au sol. Ou habillez la balustrade de planches de bois, ce qui protège le cochon d'Inde des courants d'air.

La protection : le balcon doit être protégé du vent, de la pluie et d'un excès d'ensoleillement. Posez une natte ou un vieux tapis sur le sol.

Les chats : ne laissez pas votre cochon d'Inde sans surveillance sur le balcon d'un premier étage, accessible aux chats (page 23). Si vous ne pouvez veiller sur votre animal, protégez le balcon par un grillage léger.

Les changements de température : quand vous faites passer votre cochon d'Inde de l'extérieur vers l'intérieur et inversement, habituez-le à la température ambiante. Ne le sortez qu'aux heures chaudes de midi et rentrez-le la nuit.
En automne ne le rentrez pas sans transition dans une pièce chauffée. Le cochon d'Inde se sent bien entre 18° et 20°.

La nourriture : le cochon d'Inde installé sur un balcon doit recevoir deux fois par jour de la nourriture fraîche et de l'eau.

La nuit : l'animal a besoin de son abri où dormir (p. 14).

N'oubliez pas le plat de propreté garni de paille pour qu'il s'y soulage.

Le cochon d'Inde dans le jardin

Si vous possédez un jardin, vous pouvez laisser votre animal s'y ébattre et même l'y installer. Si vous

L'exercice physique leur est nécessaire. Sinon vos animaux deviendront de grosses boules paresseuses et ankylosées.

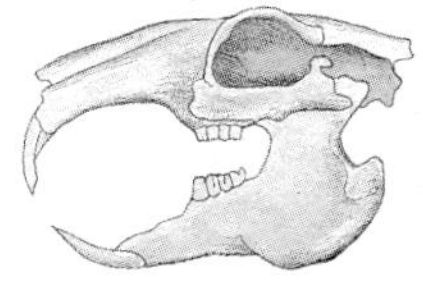

Les dents sont bien placées et peuvent s'user d'une manière naturelle.

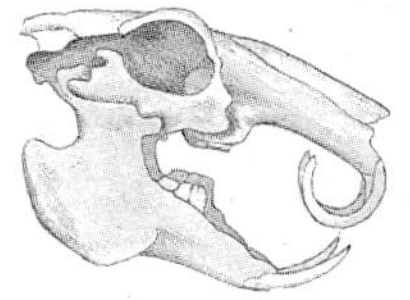

Des incisives qui ne peuvent s'user poussent en s'arrondissant en cornes vers l'intérieur, et empêchent l'animal de manger.

Afin que l'odeur des cochons d'Inde ne soit pas perceptible dans l'appartement, placez sur le fond du plat destiné aux besoins une couche de litière pour chats, qui retient les odeurs, et recouvrez-la d'une épaisse couche de litière pour petits animaux, ou de copeaux de bois ou de paille. L'extrémité des pattes du cochon d'Inde est très sensible et peut se blesser sur les gravillons de la litière pour chats.

désirez fonder une famille de cochons d'Inde, un enclos convient à merveille, à condition qu'il soit spacieux. Mais alors la relation affective avec les propriétaires n'est pas aussi étroite, parce que la vie en groupe satisfait et occupe complètement l'animal (voir p. 53 La vie en groupe).

L'enclos : vous trouverez des enclos tout prêts dans les boutiques spécialisées. Mais vous pouvez exercer vos talents de bricoleur. Assemblez des planches de bois pour former quatre panneaux, habillez-les de grillage, assemblez-les par des charnières. L'enclos doit avoir une surface d'au moins un mètre carré. Tendez un grillage au-dessus, afin que les cochons d'Inde sans défense ne puissent être attaqués par les chats, les petits rapaces et autres prédateurs.

Sécurité : inutile de planter profondément le grillage ; les cochons d'Inde ne creusent guère le sol. Mais il importe que le terrain soit plat, afin que les animaux ne puissent s'échapper, et que ni les rats ni les belettes ne puissent s'y introduire. Un grillage transportable est pratique, on peut le déplacer d'un carré d'herbe verte à l'autre.

Protection : vos cochons d'Inde ont besoin d'un abri dans leur enclos pour se protéger de la pluie, du soleil et du vent, et également pour s'y réfugier contre leurs ennemis ou

Une famille de cochons d'Inde se sent à l'aise dans un enclos extérieur. Choisissez un endroit ombragé sous un arbre, et installez-y un abri dans lequel les animaux pourront se retirer par mauvais temps.

quand ils ont peur. Cet abri doit avoir la taille de la cage d'appartement, c'est-à-dire 70 x 40 x 35 cm. Si vous possédez plusieurs cochons d'Inde, il doit bien sûr être plus vaste. Construisez-le avec des planches de bois blanc imperméabilisées de 20 mm d'épaisseur. Prévoyez un plancher fixe, une fenêtre et un toit amovible ou ouvrable pour renouveler la paille. Pratiquez une ouverture de 10 à 15 cm à l'avant, par où l'animal pourra se faufiler, ouverture munie d'une porte qui peut se fermer par une tirette, ou protégée d'un rideau de toile de jute. Recouvrez le toit de papier goudronné, donnez-lui une inclinaison et laissez le toit dépasser pour protéger les récipients d'eau et de nourriture. Fixez une ou deux mangeoires pour le foin à l'intérieur de l'abri.
Mon conseil : badigeonnez l'abri d'un produit qui protège le bois de l'humidité et des insectes nuisibles - choisissez un produit non-toxique.

Les soins du pelage
Un cochon d'Inde en bonne santé se lave et se soigne lui-même avec régularité et efficacité. Mais il apprécie que vous le peigniez et le brossiez doucement et tendrement ; cela contribue à une bonne hygiène, permet un excellent massage de la peau, de plus c'est une marque d'affection. Ces soins du pelage vous permettent de déceler à temps maladies de peau et parasites.
Les soins varient selon les espèces de cochons d'Inde.
Les cochons d'Inde à poil ras et les cochons d'Inde à rosette n'ont besoin de soins quotidiens que durant la période au cours de laquelle ils perdent leurs poils, le plus souvent au printemps et à l'automne.

Les cochons d'Inde font régulièrement leur toilette en profondeur, enlèvent poussière et débris avec leurs griffes.

Les cochons d'Inde angora : le soin quotidien du pelage est une nécessité pour eux, car leurs poils peuvent atteindre 20 cm. Sans brossage et peignage, leurs poils se collent, se feutrent, de plus urine et excréments y adhèrent. Habituez votre cochon d'Inde à ce soin du pelage quand il est encore jeune, même si son pelage n'est pas encore celui d'un adulte.
Voici comment s'y prendre :
- Ne placez pas l'animal directement sur une table, posez-le toujours sur une serviette.
- Récompensez-le par une gourmandise, caressez-le et parlez-lui.
- Le peigne aux longues dents permet de démêler les poils, la

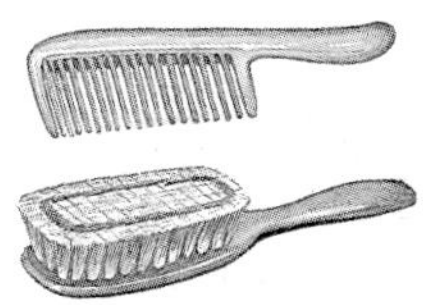

Peigne et brosse pour les soins quotidiens, indispensables pour les cochons d'Inde angora.

Toilette du visage avec les pattes.

Toilette du ventre avec la langue.

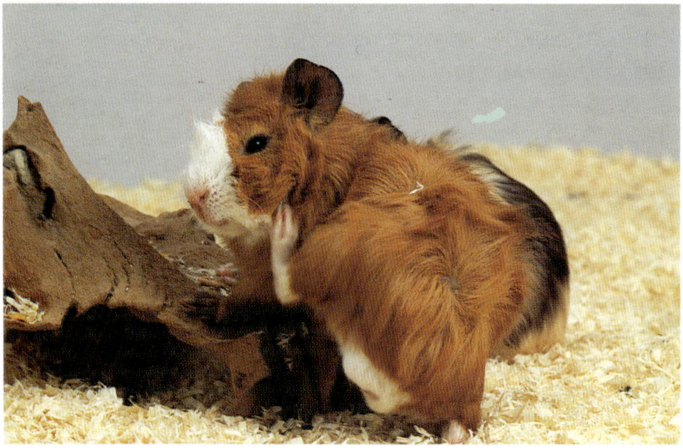
Toilette sous le menton avec la patte.

brosse à poil doux leur donne du brillant.

- Humidifiez les poils collés surtout au niveau de l'arrière-train, démêlez ces poils avec le peigne, coupez-les éventuellement.
- Ne baignez votre cochon d'Inde que si c'est nécessaire, à l'eau tiède et avec un shampooing doux pour bébé. Séchez-le soigneusement et protégez-le surtout des courants d'air.

Lui couper les griffes

Il faut les vérifier régulièrement ; des griffes trop longues gênent l'animal pour marcher, parce qu'il ne peut plus placer ses pieds comme il convient. S'il ne peut user ses griffes d'une manière naturelle, sur un sol rugueux par exemple, elles poussent de façon exagérée. Les griffes doivent être coupées par un spécialiste du toilettage ou par un vétérinaire, à l'aide de ciseaux spéciaux afin d'éviter entorses et irritations. Vous pouvez apprendre à le faire, mais faites attention : les petits vaisseaux et les terminaisons nerveuses ne sont visibles que sur les griffes claires, et si vous les blessez, cela est très douloureux pour l'animal.

Contrôle des dents

Les dents du cochon d'Inde poussent tout le temps, et il lui faut les user d'une manière naturelle sur une nourriture dure, par exemple du pain rassis, des gaufrettes à ronger que vous trouverez dans le commerce.
Une mauvaise position des dents dès la naissance : malheureusement fréquente chez les cochons d'Inde. Les incisives ne sont pas placées les

Les dangers auxquels un cochon d'Inde est exposé :

Dangers	Source des dangers	Comment éviter les dangers
Tomber	Balcons, tables.	Les obstruer par un grillage ou des planches. Ne pas les laisser sans surveillance.
Etre coincé	Portes.	Faites attention en ouvrant et en fermant les portes.
Insolation	Soleil, chauffage.	Ne laissez jamais la cage en plein soleil ou directement contre les radiateurs.
Electrocution	Câble électrique.	Protégez les fils électriques, ne laissez pas traîner les rallonges. Débranchez les prises quand l'animal court en liberté dans l'appartement.
Brûlures	Les objets très chauds.	Ne le laissez pas courir près de la cheminée ou d'un grille-pain.
Poisons	De nombreuses plantes : cyclamen,azalée,lierre, laurier-rose.	Supprimez les plantes qui pourraient être dangereuses. Renseignez-vous auprès du fleuriste ou consultez la littérature spécialisée.
	Bois cérusés ou laqués.	Utilisez des matériaux non toxiques.
Blessures	Les pieds des humains.	Regardez où vous marchez quand le cochon d'Inde est hors de sa cage.

Les soins du corps sont importants. Les cochons d'Inde viennent au monde avec un pelage et peuvent faire leur toilette dès leur naissance. D'autres aptitudes encore leur donnent une grande autonomie qui leur permet de survivre.

unes en face des autres, ne peuvent donc s'user en l'absence de frottement et poussent sans cesse. Vous devez demander à un vétérinaire de les meuler tous les deux ou trois mois.

Une maisonnette propre

La litière : elle doit être changée une fois par semaine. Les copeaux de bois peuvent être déposés sur un compost. La litière pour chat doit être jetée à la poubelle.

Le fond en plastique : lavez-le bien à l'eau tiède et avec un nettoyant doux. Les dépôts d'urine se laissent dissoudre avec du vinaigre ou du citron et s'enlèvent avec une brosse. N'employez pas des produits trop détergents, ils risqueraient d'irriter la peau et les muqueuses de l'animal. Ne désinfectez qu'en cas de maladie.

L'écuelle pour la nourriture et la fontaine-buvette : rincez-les à l'eau claire tous les deux jours. Frottez l'intérieur de la bouteille étanche avec une brosse plate afin d'éviter la formation de mousses.

L'équilibre alimentaire

De nombreuses plantes fournissent une nourriture fraîche ; le pissenlit par exemple. Ne le cueillez ni à proximité des routes ni dans les prairies où courent des chiens : il est pollué.

Le cochon d'Inde est facile à nourrir, ainsi que l'écrivit le célèbre zoologue Alfred Brehm : "Ils se nourrissent des plantes les plus diverses, racines et feuilles, graines et plantes fraîches. Ils exigent seulement une nourriture suffisamment variée."
S'il n'est pas difficile, il a néanmoins des besoins spécifiques en protéines, hydrates de carbone, lipides, minéraux et vitamines, dans des proportions précises. La nourriture devra être la plus variée possible. En plus d'une nourriture équilibrée, ils ont besoin d'avoir suffisamment de mouvement.

Le foin : l'aliment de base

Le foin est très important pour le cochon d'Inde. En hiver, faute de nourriture fraîche, il pourrait se nourrir uniquement de foin et d'eau. Vous trouverez le foin dans les boutiques spécialisées, sous forme de petits paquets déjà prêts. Vous pouvez vous le procurer en quantités plus importantes chez les paysans.
Lors de l'achat, sachez que :

- Un foin de bonne valeur nutritive contient des brins d'herbe fraîche, trèfle et plantes. Il sent bon et sa couleur a un reflet vert.
- On appelle regain un foin poussé après la récolte.
- Un foin de moindre qualité est soit trop vieux, soit dépourvu des plantes qui lui confèrent sa valeur nutritive. Un vieux foin attire la poussière et fait éternuer le cochon d'Inde.

Un foin jaunâtre n'est composé que de tiges desséchées et durcies qui sont indigestes pour le cochon d'Inde.
Un foin moisi ou pourri peut entraîner la mort de l'animal.
En plus du foin, le cochon d'Inde mange volontiers du fourrage de trèfle, de luzerne, de pois et de haricots, et il apprécie les orties, particulièrement nutritives et qui lui donnent un beau pelage. L'ortie, haïe et combattue par de nombreux jardiniers, est riche en calcium, fer, phosphore et protéines. Elle contient également une grande quantité de vitamine D, indispensable à la solidité des os, dépurative et nécessaire au métabolisme. Vous pouvez donner des orties fraîches à votre cochon d'Inde, mais il est préférable de laisser la plante se faner légèrement, afin qu'elle ne pique pas trop.
Vous pouvez préparer vous-même les orties : cueillez des jeunes plantes sans fleurs (les plantes adultes sont trop urticantes) et laissez-les sécher trois à quatre jours à l'air libre. Retournez-les deux fois par jour. Attachez-les en bouquets et accrochez-les en un lieu ombragé et aéré.

Légumes, fruits et plantes

C'est la plus naturelle et la plus saine des nourritures pour un cochon d'Inde. Légumes, fruits et plantes sont très nutritifs, riches en protéines, calcium et vitamine C. Le cochon d'Inde est le seul rongeur qui ne forme pas lui-même la vitamine C.

La cueillette des plantes :
Conviennent très bien : les pissenlits (au printemps, ramassez également les fleurs et les semences), l'herbe, le tussilage, la prêle, le mouron blanc, l'achillée, la consoude, l'heracleum, le plantain. Ne cueillez que les plantes que vous connaissez bien ! Recourez éventuellement à des planches botaniques pour bien identifier les plantes.
Conviennent moyennement : le trèfle ; il donne des ballonnements, aussi mélangez-le en quantité réduite aux autres plantes.
Vénéneux : colchique, ciguë, belladone, morelle, cytise, fleurs d'if.
Ne cueillez jamais les plantes :
- Sur le bord des routes à forte circulation et à proximité des autoroutes. Le plomb des vapeurs d'essence s'y est déposé.
- Dans les prés qui ont été traités aux insecticides.
- Dans les parcs et jardins où l'on amène promener les chiens. Leur urine et leurs excréments transmettent des maladies.

Dans la cuisine et le jardin :
conviennent très bien : pomme, banane, poire, fraise, pamplemousse, melon, kiwi, mandarine, mirabelle, orange, raisin, citron, chou-fleur, broccoli, toutes les salades - à l'exception de la laitue -, betterave, pomme de terre épluchée, chou-rave, poivron, persil, concombre, céleri, épinard, tomate.
Conviennent moyennement : laitue - surtout lorsqu'elle a poussé sous serre, car elle est alors saturée en nitrates. Tous les choux, parce qu'ils provoquent des ballonnements ; ne les donnez qu'en petite quantité.

Les cochons d'Inde apprécient en général les pierres à lécher qui contiennent des sels minéraux. Cela permet d'éviter un manque de minéraux et d'oligo-éléments.

Vénéneux : les germes de pommes de terre et les haricots crus.
Mon conseil : faites pousser des semences de salade ou de graminées dans un récipient, ainsi vous disposerez toujours d'une nourriture saine et fraîche.

Les aliments préparés
Cette nourriture se trouve dans les grands magasins. Elle est composée de blé, avoine, maïs, noisette, graines de tournesol et de petites boulettes vert-brun. C'est du foin comprimé enrichi en vitamines et minéraux, qui peut suffire à l'alimentation de votre animal lorsque vous partez par exemple un ou deux jours.

N'en donnez qu'une ou deux cuillerées par jour à votre cochon d'Inde ; cet animal a tendance à engraisser facilement. S'il reçoit beaucoup de légumes, vous pouvez diminuer la quantité de cet aliment.
Mise en garde : de nombreux cochons d'Inde raffolent de céréales. Ne vous laissez pas attendrir par leurs suppliques et leurs cris.

Les aliments à ronger

Ces animaux doivent beaucoup ronger, afin d'user leurs dents qui poussent sans cesse (voir p. 28). Le pain dur leur convient, salé ou aromatisé, à condition qu'il soit exempt de moisissure.
Vous trouverez dans le commerce une grande variété de gaufrettes à ronger, aromatisées.
Déposez de temps à autre des brindilles à ronger dans la cage ; brindilles de bouleau, saule ou arbres fruitiers.
Important : ne lui donnez pas de brindilles qui ont été touchées par le gel, ou exposées aux insecticides.

Ne pas oublier l'eau

Les cochons d'Inde boivent peu, mais il est cependant nécessaire de leur mettre de l'eau à disposition et de les laisser décider eux-mêmes du moment où ils boivent et de la quantité absorbée. La bouteille étanche, tous les jours remplie d'eau fraîche, doit se trouver dans chaque cage. Donnez-lui de l'eau que vous avez laissé reposer ou que vous avez fait bouillir auparavant ; l'eau du robinet ne convient pas à l'animal.
Le lait est un aliment et non une boisson. Vous pouvez-lui en donner de temps à autre - coupé avec de l'eau.

C'est toujours une fête de découvrir un délicieux repas de verdure.

Vitamines et minéraux

Une pierre à lécher offre au cochon d'Inde les sels minéraux nécessaires en proportions équilibrées.
Accrochez-la aux barreaux, si vous la laissez sur le sol l'urine la ramollira.
Vous trouverez des complexes vitaminiques dans le commerce. Si la nourriture est saine, variée, riche en vitamine C, ils ne sont pas indispensables. Mais vous pouvez en administrer une dose par semaine à votre cochon d'Inde pour vous assurer qu'il ne manque de rien. Le cochon d'Inde digère la terre, à condition qu'elle ne soit pas contaminée et qu'elle soit dépourvue d'insecticides.

Les dix règles d'or de l'alimentation

1 - Nourrissez-le à heures fixes ; il s'y habituera.
2 - Ne lui donnez pas trop de nourriture à la fois. Retirez de la cage ce que l'animal n'a pas mangé au bout d'une heure. Cela ne s'applique pas au foin. Si son plat de nourriture est trop plein, l'animal continue à manger par ennui et tombe malade.
3 - Seuls les aliments frais conviennent. Ne laissez pas légumes, fruits et plantes se faner, se pourrir et moisir.
4 - Placez toujours le foin et les

Les fruits frais et les légumes sont une nourriture très saine pour les cochons d'Inde. Ils sont très nutritifs et riches en vitamines. Lavez-les soigneusement pour éliminer les conservateurs chimiques.

légumes dans les mangeoires. Ne les jetez pas sur le sol de la cage ; urines et excréments les souilleraient.

La femelle montre parfois les dents, mais seulement pour repousser un mâle trop empressé. Les cochons d'Inde sont des animaux paisibles, qui n'entrouvrent les mâchoires que pour bâiller.

5 - Lavez toujours les fruits et les légumes, secouez-les et laissez-les égoutter. Lavez également les épluchures de fruits et de légumes.
6 - Ne donnez pas de la nourriture qui sort directement du réfrigérateur.
7 - Remplissez tous les jours la bouteille étanche de la fontaine-buvette avec de l'eau bouillie.
8 - Placez de temps à autre dans la cage une branche d'arbre fruitier ou de saule. Veillez à ce qu'elle n'ait pas subi de pulvérisations d'insecticides.
9 - Les cochons d'Inde aiment venir manger dans la main. Cela permet de créer un lien avec l'animal, prenez le temps de le nourrir avec quelques friandises par exemple.
10 - Veillez à ce qu'il puisse bouger suffisamment. S'il a engraissé, n'hésitez pas à le mettre au régime une fois par semaine : de l'eau et du foin uniquement ce jour là.

Une gaufrette à grignoter, nécessaire pour s'y faire les dents. Vous en trouverez dans les magasins spécialisés.

Suggestions de menus

Heure	**Aliments**	**Quantité**
Le matin	Foin. Légumes, fruits.	20 g (1 à 2 cuillères à soupe), 1 ou 2 feuilles de salade ou une betterave, ou un quart de pomme.
L'après-midi ou en début de soirée	Légumes.	Remplissez la mangeoire d'herbe, trèfle, pissenlit, tussilage, orties fraîches et autres plantes.
Tous les jours	Foin.	Déposez la ration quotidienne dans la mangeoire.
Une fois par semaine	Gaufrette à ronger ou pain rassis, branchettes et à l'automne feuillage sec.	15 g. A volonté.

Que faire en cas de maladie?

Mieux vaut prévenir que guérir
Les cochons d'Inde ne sont pas des animaux particulièrement fragiles. Pour les protéger des maladies, il suffit de s'occuper d'eux comme il convient, de leur donner une nourriture saine et variée, de leur permettre de bouger suffisamment.
Les précautions d'hygiène sont indispensables : les bactéries, les virus et les parasites peuvent être transmis aux cochons d'Inde par d'autres animaux familiers ou par les humains. La nourriture avariée provoque des maladies intestinales. Les humains peuvent attraper des champignons par un contact trop étroit. C'est pourquoi il convient de se laver les mains après avoir nourri l'animal et s'être occupé de lui. Il ne faut jamais embrasser un animal, ni le tenir près du visage.
Mon conseil : expliquez à votre enfant que son cochon d'Inde peut attraper des microbes en se laissant cajoler de trop près.
Les erreurs qui peuvent le rendre malade :

- La nourriture inadaptée.
- Le manque de variété dans l'alimentation.
- Les courants d'air.
- Variation brutale de température.
- Une humidité de l'air excessive ou insuffisante.
- Une litière humide.
- Le manque de mouvement.
- La compagnie d'autres animaux, qui ne s'entendent pas avec lui.

Les premiers soins
Vous devez pouvoir reconnaître à temps les premiers signes de maladie, et entreprendre de les soigner (voir p. 39, La liste des maladies et des malaises).
Dans le cas de malaises et de troubles légers, il suffit souvent de rechercher les causes pour que le cochon d'Inde retrouve son entrain. Sans vous substituer au vétérinaire, vous pouvez néanmoins faire certaines choses.
Soins à donner en cas de légère diarrhée : changez la litière plus fréquemment. Donnez-lui des

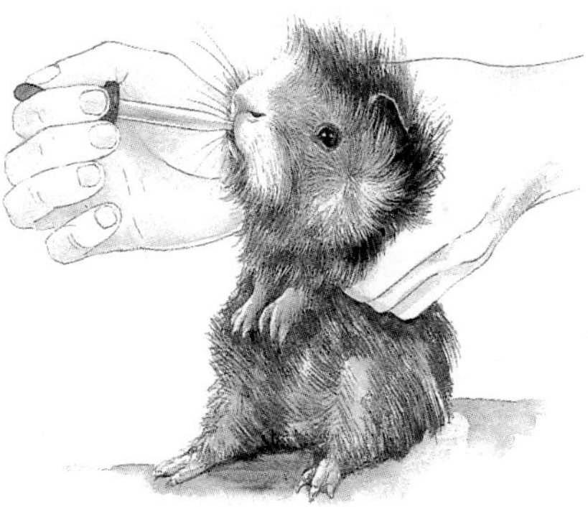

Il est parfois nécessaire de lui administrer des médicaments. Tenez bien le cochon d'Inde par le dos et introduisez le compte-gouttes de biais sous les incisives.

infusions tièdes de camomille ou de fenouil, et des carottes et des pommes râpées. La diarrhée doit

Contre les parasites ou champignons qui peuvent faire souffrir l'animal, appliquez des remèdes à l'aide d'un coton tige sur les endroits atteints.

disparaître au bout de deux jours au plus tard. Si ce n'est pas le cas, consultez un vétérinaire.
Mais si vous constatez que les excréments sont très mous et qu'il manque d'appétit, allez immédiatement chez le vétérinaire.
Soins à donner en cas de légère constipation : faites-le beaucoup boire et bouger, administrez-lui une cuillerée à café d'huile d'olive. Si vous ne constatez aucune amélioration au bout de vingt-quatre heures, consultez un vétérinaire.
Soins à donner en cas de rhume : éliminez ce qui crée des irritations, par exemple, le foin poussiéreux, ou des produits nettoyants irritants qui dégagent des vapeurs. En cas de doute, consultez le vétérinaire.
Soins d'urgence en cas d'insolation : si vous voyez votre cochon d'Inde courir çà et là, excité et essoufflé, le corps secoué de frissons, mettez-le à l'ombre immédiatement et faites-lui absorber de l'eau à température ambiante. Trempez lentement et prudemment ses membres les uns après les autres dans une eau fraîche, mais pas froide. Entourez-le de serviettes fraîches et humides, sans serrer, et calmez l'animal en lui parlant doucement.

La visite chez le vétérinaire

Les cochons d'Inde sont des malades patients, qui ne poussent que peu de

Vérifiez l'état de santé

	Chez un cochon d'Inde en bonne santé	Chez un cochon d'Inde malade
Les yeux	Secs, sans sécrétion.	Irrités, collés.
Le nez	Sec.	Croûtes, écoulement.
Le pelage	Brillant, propre.	Fin, terne, dénudé par endroits
L'arrière-train	Propre.	Barbouillé d'excréments.
La silhouette	Ronde.	Efflanquée.
Le comportement	Attentif, gai.	Indifférent, apathique.

Faire le beau constitue un difficile exercice d'équilibre .

La nourriture de cet animal est simple et peu onéreuse. C'est un végétarien qui mange des plantes fraîches ou sèches, comme il le fait quand il vit en liberté dans la nature. Vous pouvez cueillir de quoi le nourrir dans votre jardin, ou au cours de vos promenades.

cris de douleur. Mais ne repoussez pas trop la visite chez le vétérinaire. Dans la salle d'attente, ne le sortez pas du sac et ne le placez pas sur vos genoux. Pris de peur, il pourrait sauter au sol et se blesser. Pour aider le vétérinaire, préparez-vous à répondre aux questions suivantes :

- Quand avez-vous constaté un changement de comportement pour la première fois ?
- Que mange-t-il ? à quel moment ? en quelle quantité ?
- Quel est l'aspect de ses excréments ? Apportez-en un prélèvement.
- Quel est l'âge de l'animal ?
- Vit-il avec d'autres cochons d'Inde, ou a-t-il été en contact avec des cochons d'Inde étrangers et d'autres animaux familiers ?
- Y a-t-il eu des changements importants dans l'emplacement de sa cage, sa nourriture ? Y a-t-il un autre cochon d'Inde dans la famille ?

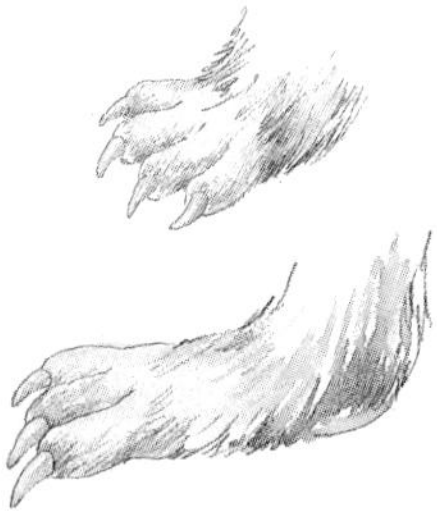

Le cochon d'Inde marche sur ses doigts de pied, c'est un digitigrade. Ces pattes avant sont munies de quatre doigts et de griffes, ses pattes arrière de trois doigts.

Il faut couper régulièrement les griffes du cochon d'Inde quand il ne peut les user naturellement en courant sur un sol irrégulier. Mais ne les coupez pas trop à ras, cela fait mal à l'animal.

Conseils d'hygiène

- Veillez à une propreté méticuleuse dans la cage. En cas de maladie contagieuse, changez souvent de litière.
- Désinfectez la cage et les accessoires avec un désinfectant biologique de préférence.
- Placez la cage dans un endroit calme. Evitez les écarts de température, les courants d'air et toutes les sources d'agitation.
- Dès les premiers signes de maladie, séparez l'animal des autres, à titre préventif. Placez-le dans une cage séparée, et installez-la si possible dans une autre pièce.
- Conformez-vous bien aux indications du vétérinaire, et administrez les médicaments prescrits. Ne perdez pas patience lors d'un traitement de longue durée.

Le faire piquer

Si votre cochon d'Inde souffre d'une maladie douloureuse et incurable, il vaut parfois mieux le faire piquer. Votre enfant sera certainement affecté par cette décision, et c'est à vous de le préparer à la séparation et à la mort en général. Bien sûr, la décision finale revient au vétérinaire. Quand notre cochon d'Inde Finni fut victime d'un chat, sa compagne Fanni se laissa dépérir tristement. Un jour nous l'avons trouvée morte dans la cage. J'avais préparé mes enfants à cette fin, il convenait d'abréger ses souffrances.

Identifiez les troubles de santé et les maladies

Votre animal	Causes éventuelles auxquelles vous pouvez remédier vous-même	Diagnostic possible traitement du vétérinaire
Est indifférent et immobile.	L'ennui.	Incertain : infections possibles.
Ne mange pas.	Température trop froide et humide ou trop chaude, courants d'air.	Nombreuses causes : dents trop longues, mal placées n'a pas l'occasion de ronger.
Bave.	Ne ronge pas assez.	Dents trop longues, mal placées, infections virales.
Souffre de diarrhée.	Mauvaise nourriture, courant d'air, température trop fraîche ou humide.	Parasites intestinaux.
Fait des efforts sans parvenir ni à déféquer, ni à uriner.	Manque d'exercices physiques, nourriture qui ne lui convient pas.	Constipation, inflammation des reins et de la vessie, infection virale.
Eternue.	Courant d'air, ou température trop élevée ou trop basse, air trop sec ou trop humide.	Infection virale bactérielle.
A un souffle ralenti.	Par une forte chaleur, un choc, l'agitation, la peur.	Insolation.
Se gratte.	Lave et nettoie son pelage, cage poussiéreuse, manque de soins.	Parasites, champignons, irritations de la peau.
Boite.	Excès d'humidité, manque d'exercices physiques, surcharge pondérale.	
Saigne légèrement.	Blessure au cours d'une dispute avec un rival.	Appliquez de la teinture d'iode sur les blessures légères. Confiez les blessures graves au vétérinaire.
Pelage dénudé par endroits.	Nourriture insuffisamment variée.	Maladies carencielles, maladies causées par des champignons.

Une telle intimité amicale entre cochon d'Inde et chat est fort rare.

Les cochons d'Inde ont des petits

Une progéniture parfois inattendue
Souvent des propriétaires de cochons d'Inde, persuadés d'avoir un mâle, se sont étonnés en voyant leur animal grossir jusqu'à ce qu'un matin, en regardant la cage, ils y trouvent quatre cochons d'Inde au lieu d'un. Si des enfants se rendent les uns chez les autres, accompagnés de leurs cochons d'Inde dont ils ne connaissent pas le sexe, des naissances inattendues peuvent ensuite avoir lieu. Ne vous désolez pas ; une chambre d'enfant peuplée de cochons d'Inde est charmante. Mais vous devrez très vite trouver d'autres maîtres pour les petits. Les femelles sont en âge de reproduire au bout de cinq ou six semaines, et l'accroissement du nombre de vos cochons d'Inde se poursuivrait alors sans cesse.

La vie du couple
Deux raisons peuvent vous inciter à acquérir un couple :

- L'intérêt et le plaisir que procurent la vie d'un couple, les naissances, l'éducation des petits.
- Elevage de races et de couleurs de pelage différentes.

Les habituer l'un à l'autre : si vous désirez offrir un compagnon au cochon d'Inde que vous possédez déjà, il est préférable de les habituer d'abord l'un à l'autre. Ce conseil vaut également pour deux femelles ou pour deux mâles coupés (voir page 6, Un mâle ou une femelle ?). La cage doit être assez grande (80 x 80 x 45 cm au minimum), et munie d'une grille coulissante qui la sépare en son milieu. Ainsi les deux animaux peuvent se voir et se flairer. Au bout d'un jour ou deux, vous pouvez enlever le grillage et laisser les deux cochons d'Inde ensemble - tout en les surveillant bien sûr. Peut-être essayeront-ils au début de se faire peur mutuellement et de se donner des petits coups. Mais c'est normal. Vous ne devez les séparer que s'ils se mordent. Attendez alors un moment, puis tentez de les remettre ensemble. S'ils ne se supportent toujours pas, il vous faut essayer avec un autre compagnon.
Mon conseil : imprégnez vos mains de parfum et caressez longuement les deux cochons d'Inde. L'odeur propre à chaque animal est dissimulée pour un temps par le parfum qui leur est commun, et ils s'entendent alors paisiblement.
La vie en commun : le mâle est doux envers la femelle. Celle-ci impose toujours sa volonté en cas de conflits. Pour repousser les avances, elle donne à son compagnon des chiquenaudes avec le museau et les dents. Le mâle non seulement supporte tout cela patiemment, mais il laisse à la femelle les meilleurs morceaux de nourriture.

Saviez-vous que les petits du cochon d'Inde ouvrent déjà leurs yeux dans le ventre de leur mère, quatorze jours avant de venir au monde ? Et qu'ils ont déjà des dents avec lesquelles ils rongent l'herbe et la paille, quelques heures à peine après leur naissance.

La cour

C'est touchant de voir comment le mâle s'efforce constamment de gagner les faveurs de la femelle. Il tourne sans cesse autour de sa dame à petits pas, en remuant l'arrière-train et en faisant entendre des petits claquements de langue. En même temps, son corps essaye d'effleurer celui de la femelle, mais il est d'abord violemment repoussé. La scène paraît plus violente qu'elle ne l'est en réalité : la femelle, accroupie sur ses pattes arrière, s'appuie sur les pattes avant et montre les dents, la gueule grande ouverte. Si cet avertissement ne suffit pas, elle se rue à coups de dents sur le museau du prétendant.

Mâles et femelles commencent par se flairer longuement. Ainsi, ils se rendent vite compte s'ils se trouvent sympathiques. Mais ce contact ne fait pas partie de la véritable parade amoureuse.

Le mâle recule en poussant des cris perçants. Quand les deux se connaissent un peu mieux, la femelle se contente d'éviter le mâle ou de lui envoyer quelques jets d'urine afin qu'il se tienne à distance. Les prières du mâle ne sont "entendues" que lorsque la femelle est en chaleur, c'est-à-dire prête à l'accouplement.

L'accouplement

Il se produit tous les quatorze à dix-huit jours. Les œufs, qui se sont développés dans un ovaire, ont atteint le stade propice à une fécondation. Le vagin habituellement obstrué par un bouchon de sécrétions est libre durant vingt-quatre heures pour l'accouplement, que la femelle maintenant accepte. Elle se couche sur le dos et lève le derrière. *La copulation* ne dure que quelques secondes. Les deux animaux se lavent ensuite avec un soin particulier, en insistant sur leurs parties génitales.

La gestation

Elle dure environ huit à dix semaines, et se passe le plus souvent sans problème, si bien que vous ne remarquerez aucun changement dans le comportement des animaux. Les portées nombreuses ont un temps de gestation plus bref que celles qui ont moins de petits. Durant cette période, le mâle est très attentif et laisse à la future mère la meilleure place à la mangeoire. Au bout d'environ quatre semaines, la femelle grossit, et durant les deux dernières semaines de gestation elle est vraiment bouffie. Rien d'étonnant, car les petits pèsent déjà plus de la moitié de leurs poids. Leurs mouvements dans le ventre de la mère sont visibles à l'œil, et perceptibles au toucher. Pendant ce temps, la femelle n'entreprend pas la construction d'un nid. Elle se comporte comme d'habitude, c'est pourquoi un propriétaire inexpérimenté ne se rend souvent pas compte de ce qui se passe.

Le mâle peut-il être dans la cage lors des naissances

Le plus souvent, la femelle est indifférente à la présence du mâle. Mais il peut exercer sur elle une influence apaisante. Le père a parfois aidé à la toilette des petits. Mais le processus de mise-bas ne semble pas le concerner, puisqu'il se tient à l'autre bout de la cage.
Mon conseil : retirez néanmoins le mâle de la cage, et faites-le avant les naissances. En effet, quelques heures après, la femelle est de nouveau en chaleur et se laisse couvrir par le mâle. Trois ou quatre jours après les naissances, vous pouvez remettre le mâle en compagnie de sa famille.

La naissance

Elle se produit souvent le jour, et bien sûr, les enfants aiment y assister. Cet événement a lieu sans difficulté, comme tout ce qui concerne les cochons d'Inde. La mère grignote encore avec délice un brin d'herbe que déjà commence la venue des petits, et un quart d'heure plus tard tout est terminé. L'animal n'est pas gêné par la présence des témoins, aussi vous pouvez autoriser vos enfants à regarder. Mais il faut éviter toute agitation et tout énervement.
Déroulement de la naissance : la femelle reste accroupie et le petit sort sous son ventre. Elle se penche entre ses pattes avant, déchire avec les dents l'enveloppe fœtale et la mange. C'est nécessaire, sinon les petits s'étouffent très vite. La mère leur nettoie ensuite le museau, les narines et les yeux en les léchant. A peine l'un est-il ainsi prêt, que le suivant arrive. Des saignements se produisent souvent, vers la fin seulement, avec l'expulsion du placenta, que la mère dévore en partie ou en entier.

Les cochons d'Inde naissent les yeux ouverts et avec une fourrure d'adulte. Leur poids à la naissance oscille entre 40 et 100 g.

Des nouveau-nés déjà autonomes

Les cochons d'Inde ont la particularité de venir au monde formés, leurs yeux se sont ouverts 14 jours auparavant,

C'est une source de joie que d'observer la vie familiale des cochons d'Inde. Ils font tout en commun : mangent ensemble, se lavent, se blottissent les uns contre les autres et semblent avoir beaucoup à se raconter.

On attend son tour pour téter.

quand ils étaient encore dans le ventre de la mère. Et dès que la mère les a léchés, leur fourrure épaisse brille comme de la soie.
Les petits sont à même de quitter le nid ; ils courent et mangent même de l'herbe, du foin, et d'autres nourritures solides. Dans le ventre de la mère ils ont déjà changé leurs dents de lait pour leurs dents définitives. Une heure ou deux à peine après leur naissance, ils commencent à remuer avec vigueur dans la cage, mais ils restent toujours auprès de la mère et têtent pendant deux ou trois semaines. Ils grignotent également déjà du foin et des légumes, c'est pourquoi il n'est pas très difficile d'élever des petits cochons d'Inde orphelins.

Si les petits perdent leur mère, vous pouvez remplacer le lait de la mère par :

- De la nourriture pour chiots, vous en trouverez dans le commerce.
- Des concombres épluchés et réduits en bouillie.
- Des pommes râpées.
- Des flocons d'avoine.
- Des biscottes.
- De la purée de carottes pour jeunes enfants.
- Des légumes : par exemple, de la salade (sans pesticide !), du pissenlit.

Evitez le lait, tant coupé d'eau que concentré.
Si les petits ne mangent pas encore tous seuls, nourrissez-les avec une seringue sans aiguille ou avec un petit compte-gouttes.

Les petits aiment déjà la salade.

Mon conseil : si un autre cochon d'Inde a eu des petits dans le voisinage, confiez-lui également les vôtres. En général la mère les accepte. Dans la nature, quand les animaux vivent en groupes, les petits têtent d'autres femelles, et ne sont pas allaités seulement par leur mère (voir p. 54, Les relations avec les petits).

Avec quelle régularité la femelle peut-elle être couverte ?

Nous avons vu que la femelle est de nouveau prête à l'accouplement, immédiatement après la mise-bas. Si la longévité de vos animaux vous importe peu, et si l'essentiel est pour vous d'avoir de nombreux petits, vous pouvez alors laisser libre cours à la nature. Sinon accordez à la femelle des pauses entre les portées. Vous verrez vous-même si la dernière mise bas l'a affaiblie. Laissez-la se reposer et faites-la couvrir de nouveau quand les petits seront âgés de cinq ou six semaines.

Remarque : n'oubliez pas que la maturité sexuelle précoce entraîne également le problème de la prolifération. Si vous ne voulez pas davantage de petits, vous devez séparer les animaux par sexe. Les femelles sont paisibles entre elles. Les mâles par contre se battent pour la suprématie en grandissant.

Consanguinité : quand les animaux d'une même famille s'accouplent entre eux sur plusieurs générations, le danger des malformations survient

Photos ci-dessus : *peu de temps après leur naissance, les petits mangent déjà. C'est pourquoi ils ne se disputent pas autour des mamelles de la mère. Ils attendent sagement leur tour.*

La croissance des petits

Poids à la naissance : 40 à 100 g.
Poids à l'âge adulte : jusqu'à 1800 g. pour le mâle, jusqu'à 1100 g pour la femelle.
Nourriture : lait maternel, et aliments solides comme le foin, la salade, les feuilles de pissenlit, les flocons d'avoine, les morceaux de pomme, les biscottes, les aliments tout prêts.
Autonomes : au bout de 5 semaines.
Maturité sexuelle : vers la 5e ou la 6e semaine pour la femelle, vers la 9e ou la 10e semaine pour le mâle.

Une consanguinité entre mère et fils, père et fille, pour obtenir une couleur de pelage, ou une caractéristique particulière ne devrait pas s'étendre sur plusieurs générations.

La vie de famille

Une famille de cochons d'Inde est paisible et unie. La mère s'occupe régulièrement des petits. Elle n'a que deux tétines, mais comme les petits mangent déjà beaucoup de nourriture solide, ils ne se disputent pas le lait maternel. Les petits obéissent autant au père qu'à la mère. Les membres de la famille entreprennent tout en commun. Ils mangent et font leur toilette ensemble, se blottissent les uns contre les autres et semblent avoir beaucoup de choses à se raconter. Quand ils sortent, ils trottinent au pas les uns derrière les autres, et cela même dans l'appartement. Si un petit ne suit pas le mouvement et fait entendre un cri de détresse, le père ou la mère accourt aussitôt, et le ramène auprès des autres avec un petit grognement (voir p. 54, Les relations avec les petits).
Le jour même de leur naissance, les petits sont pris d'une véritable frénésie. Ils sautent alors les quatre pattes tendues vers le haut, et exécutent des cabrioles ; c'est l'expression d'une joie de vivre débordante. Ils se poursuivent, filent vers l'abri nocturne et en ressortent aussitôt, effectuent les sauts les plus audacieux et s'élancent par dessus les obstacles avec une facilité étonnante. Ce goût du jeu ne diminue qu'à la puberté.

Une famille de cochons d'Inde est toujours très unie. Quand ils sortent, le père et la mère placent les enfants entre eux pour ne pas les perdre.

Les diverses races et couleurs de pelage

L'animal familier des Indiens

Le pays d'origine des cochons d'Inde est l'Amérique centrale et l'Amérique du Sud. Les cochons d'Inde sauvages vivent sur l'ensemble de cet immense continent. Leur origine remonte à quarante ou cinquante millions d'années. Il y a encore quelques années on ignorait comment le cochon d'Inde se laissa domestiquer. Des fouilles pratiquées à 4 000 m d'altitude, au centre du Pérou, ont prouvé que cela se produisit bien avant que Christophe Colomb ne découvre l'Amérique. On découvrit des crânes de cochon d'Inde, qui par les différences qu'ils présentaient avec ceux des cochons d'Inde sauvages, attestaient que la domestication avait eu lieu entre 9 000 et 3 000 ans av. J-C. Visiblement, les animaux avaient d'eux-mêmes recherché protection et chaleur dans les maisons, s'étaient nourris de déchets de cuisine. Les hommes les tolérèrent d'abord, puis les élevèrent. Les Incas consommaient leur chair et les sacrifiaient au dieu du Soleil. Les animaux à pelage brun ou tacheté de blanc étaient particulièrement appréciés.

Comment le cochon d'inde arriva en Europe ?

Le zoologue suisse Konrad Gesner écrivit dès 1554 un ouvrage intitulé : *Le lapin indien ou petit cochon.* Christophe Colomb était persuadé d'avoir accosté aux Indes, ce qui explique l'adjectif "indien". Mais ce n'est qu'en 1670 que des commerçants hollandais emportèrent avec eux, pour l'offrir à leurs enfants, l'animal confiant qu'ils avaient découvert chez les Indiens de Guyane - alors colonie néerlandaise. Les cochons d'Inde s'habituèrent rapidement à leur nouveau milieu et se reproduisirent si vite que les animaux élevés en Hollande étaient dès 1680 vendus en France et en Angleterre. Ils étaient alors si coûteux que seuls les gens fortunés pouvaient en acquérir. Mais cela changea vite, parce que cet animal est très facile à garder, à nourrir et à élever.

La diversification des races

On ne sait ni quand, ni comment les races et les couleurs de pelage se diversifièrent. Cela se fit certainement comme pour les autres animaux domestiques. Un changement subit du patrimoine génétique, qui fut ensuite transmis, c'est-à-dire une mutation, modifia couleur et pelage. Et quand les humains contribuèrent à ce processus par un élevage sélectif, les variétés et les couleurs particulières que nous connaissons aujourd'hui furent créées.

Les cochons d'Inde sont des rongeurs qui se précipitent sur tout ce qui dans l'appartement leur semble agréable à mordiller, et sur les câbles électriques également, ce qui entraîne de nombreux accidents mortels. Surveillez votre animal quand il court librement dans une pièce. C'est le seul moyen d'éviter dégâts et accidents.

Il y a une odeur étrange ici.

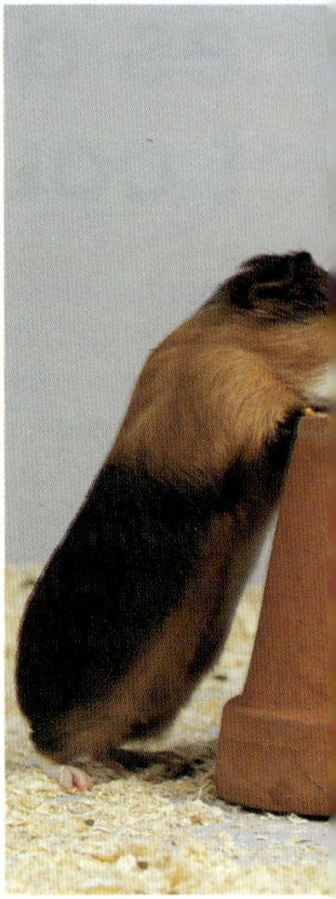

Les rivaux se regarden

Les diverses races de cochons d'Inde se différencient surtout par leur pelage. L'on distingue d'ordinaire les cochons d'Inde à poil lisse, à rosette et angora. Au sein de ces trois races les plus répandues, il existe de nombreuses variétés.

Les races à poil court

Le cochon d'Inde anglais, à poil lisse, a des poils courts, près du corps et a été élevé jusqu'ici dans les couleurs suivantes :

- Agouti : c'est celui qui ressemble le plus à ses ancêtres, les cochons d'Inde sauvages. Le reflet gris du pelage, qui est dû aux différentes colorations présentes sur chaque poil, est important. Ce reflet est gris-blanc sur les poils près du corps, puis devient roux et brun jaune, tandis que les extrémités des poils sont presque noires. Cette espèce ne doit présenter ni rayure ni tache ni damier. Elle existe dans les couleurs dorée, grise, argentée, rouge, avec les yeux toujours noirs, et saumon avec les yeux rouges.
- Bringé : petites taches régulièrement réparties, les yeux sombres.
- Unicolore : ces cochons d'Inde passent pour particulièrement vigoureux et résistants. Les couleurs doivent être régulières sur tout le corps. Cette espèce existe en blanc, crème, ocre, rouge, chocolat et noir, avec les yeux noirs. Et également en blanc, lilas, beige, or, aux yeux rouges.

yeux dans les yeux

...puis se séparent paisiblement.

Les cochons d'Inde tout blanc aux yeux rouges sont appelés albinos. Leur nez, oreilles et pieds présentent des taches sombres, plus marquées quand il fait froid.

- Himalaya : blanc avec un masque sombre, oreilles et pattes sombres, yeux sombres.
- Hollandais : la couleur est la même des deux côtés de la tête, avec une tache blanche au milieu, ainsi que sur le dernier tiers du corps, le reste est blanc. En noir, chocolat, rouge ou agouti, les yeux sombres.
- Japonais ou arlequin : un côté de la tête est rouge, l'autre noir, les deux couleurs sont alternativement réparties des deux côtés du corps, le plus régulièrement possible, yeux sombres.
- Russe : blanc avec un masque sombre, oreilles et pattes sombres, yeux rouges. En noir, chocolat.
- Ecaille de tortue : grosses taches rouges et noires, en damier, réparties le plus régulièrement possible.
- Ecaille de tortue et blanc : tricolore, répartition la plus régulière possible de taches de couleurs de même taille. Trois couleurs de chaque côté du corps : noir, rouge, blanc, les yeux sombres.

Les races à pelage particulier

- Le cochon d'Inde couronné anglais : son pelage ressemble à celui du cochon d'Inde anglais unicolore, mais il a sur le front un toupet isolé et de même couleur.

Photos ci-dessus : la hiérarchie. Dans une tribu de cochons d'Inde, il n'y a pas de place pour deux mâles. Seul le mâle qui s'est montré le plus vigoureux au cours du combat pour la suprématie a le pouvoir dans la bande.

• Le cochon d'Inde couronné américain : son pelage ressemble à celui d'un unicolore anglais, mais il a un toupet isolé et de couleur différente sur le front.
• Le cochon d'Inde abyssinien : il s'agit du cochon d'Inde à rosette que tout le monde connaît, qui présente des touffes de poils, des rosettes, sur tout le corps. En noir, blanc, rouge, tricolore, écaille de tortue, agouti, bringé, poils mêlés noirs et rouges.
• Le cochon d'Inde satin : pelage court, lisse, mais très brillant. Dans les couleurs crème, or et rouge.
• Le cochon d'Inde rex : pelage semblable à celui du chat rex, c'est-à-dire souple, ondulé, qui évoque la peluche.

Les races à poil long
Caractérisées par un pelage soyeux qui peut atteindre 15 à 20 cm. On les appelle cochon d'Inde angora. Ils sont élevés en plusieurs couleurs et combinaisons de couleurs, les pelages unicolores sont les plus rares.
• Le shelty : aux poils longs, soyeux, épais, sans touffe, poils plus courts sur le crâne.
• Le péruvien : longs poils épais, brillants, avec des touffes réparties sur tout le corps.

Différences entre les cochons d'Inde sauvages et les cochons d'Inde domestiques

	Le cochon d'Inde sauvage	**Le cochon d'Inde domestique**
Silhouette	Mince, pattes postérieures plus longues.	Ronde, plus lourde en général.
Tête	Nez pointu.	Plus épaisse.
Pelage	Court, hirsute, gris brun, parsemé de noir.	Court, lisse, avec ou sans touffes, long, nombreuses couleurs.
Couleurs des yeux	Sombres.	Sombres et rouges.
Organes internes	Petit estomac, intestin grêle court, appendice et gros intestin plus long.	Gros estomac, intestin grêle long, appendice et gros intestin réduits.
Excréments	Abondants.	Réduits.
Particularités	Ils peuvent faire des sauts de 3 à 4 m de haut.	

Comprendre les cochons d'Inde

Classement zoologique

Le cochon d'Inde n'a rien de commun avec le cochon, si ce n'est son petit cri. Il appartient plutôt à la grande famille des rongeurs qui ont en commun une dentition aux incisives dépourvues de racines, et qui poussent sans discontinuer, un espace important entre les incisives et les canines, le diastème. Au sein de la classification zoologique, qui se subdivise en de nombreuses sous-familles, c'est l'espèce *Cavia* qui nous intéresse directement, parce que l'on y trouve là l'ancêtre de notre cochon d'Inde domestique ; le Tschudi, originaire du sud du Chili central, ainsi baptisé en l'honneur de l'explorateur suisse J.J. von Tschudi. Ce dernier parcourut le Pérou au milieu du XIXe siècle, et trouva dans les régions isolées dans les huttes des Indiens des cochons d'Inde qui, écrivit-il, "couraient durant toute la nuit sur le visage et le corps des dormeurs".

L'ancêtre : le cochon d'Inde sauvage

Le Tschudi se trouve jusqu'à des altitudes de 4 000 m. De petits groupes de 5 à 10 animaux occupent ensemble des terriers qu'ils creusent eux-mêmes ou prennent à d'autres animaux.
Ils ne se hasardent que la nuit hors de leur abri, et se rendent par des chemins, formés par leur piétinement entre les herbes épaisses, à l'endroit où ils mangent. Leur aspect extérieur et leurs organes internes sont très différents de ceux de notre cochon d'Inde domestique, à cause de la nourriture pauvre en eau et riche en cellulose (voir tableau p. 50). Par contre, la domestication n'a rien changé ni à leur mode d'alimentation ni à leur système de reproduction. Ils sont végétariens et mettent au monde durant toute l'année un à quatre petits. Ces derniers sont nidifuges, et allaités durant trois semaines par la mère, ils atteignent leur maturité sexuelle vers la 8e ou 10e semaine.

Les espèces sauvages

Notre cochon d'Inde domestique a de nombreux et multiples parents. L'aspect et le comportement de certains ne laissent pas supposer qu'ils font partie de la famille. Je voudrais vous en présenter quelques-uns.
Le cochon d'eau : il mesure 1,3 m, pèse 50 kg, c'est la plus gros de tous les rongeurs vivants. Son nom en langue indienne "Capybana" signifie "Seigneur de la prairie". Il vit dans les forêts au sous-bois épais, près des eaux. Il nage et plonge très bien.
Le mara : appelé par erreur, "lièvre des pampas" parce qu'il ressemble à un lièvre. Sa taille atteint 75 cm, il pèse 9 à 16 kg. Il court vite, peut faire

Quand il vit dans la nature, le cochon d'Inde doit recourir à toutes ses capacités pour survivre à ses nombreux ennemis. Il lui faut trouver un abri sûr et se procurer de la nourriture.

Le cochon d'Inde explore son milieu : yeux, oreilles et nez sont en éveil.

des bonds de 2 m et creuse des terriers profonds et larges. Il vit dans les herbes et les buissons secs.
Le cochon d'Inde des rochers : sa taille est à peu près semblable à celle du cochon d'Inde. Il vit sous les rochers et dans les terriers, saute d'un rocher à l'autre avec assurance et grimpe aux arbres pour en manger les feuilles. Il peut se déplacer même sur les parois lisses de ciment et de verre brut, en effectuant une suite ininterrompue de sauts transversaux d'une paroi à l'autre, ainsi que le rapporte Ludwig Heck, directeur du zoo de Berlin.
Le pacarana : le troisième rongeur par la taille, une espèce rare et menacée de disparition. Il s'assoit tout droit sur ses pattes postérieures, a un pelage hirsute, une épaisse moustache et une queue assez longue. Il fait partie des animaux de "contact", c'est-à-dire qui ne cherchent pas à maintenir entre eux une certaine distance individuelle.
Le nutria : plus connu sous le nom de ragondin. Il creuse son terrier dans les rives des fleuves et des lacs. Son pelage fournit une fourrure appréciée.

Son nom dans d'autres langues
Son nom varie selon les pays, et s'explique par son origine sud-américaine ; Christophe Colomb était persuadé d'avoir accosté aux Indes. (voir p. 47, Comment le cochon d'Inde arriva en Europe).
En allemand, "Meerschweinchen", "petit cochon de mer" évoque un petit animal amené par la mer et les bateaux, dodu, et qui pousse des cris comme un petit cochon.
En néerlandais, il s'appelle "guinees biggetje" ou "cavia". "Biggetje" désigne le cochonnet que l'on pouvait acquérir pour fort cher : pour une guinée, une ancienne pièce d'or anglaise.
Cavia, l'expression la plus répandue aujourd'hui est le nom latin de l'espèce.
En anglais, "guinea pig" signifie également "cochon qui coûte une livre". Ce terme signifie aussi "cobaye" ; le cochon d'Inde est un des animaux les plus utilisés pour les essais en laboratoire.
Les Espagnols l'appellent "conejillo de Indios", ce qui signifie "petit lapin des Indes", et se rapprochent ainsi de l'appartenance de cet animal à l'ordre des rongeurs.

Fiche signalétique : cochon d'Inde domestique
(Cavia aperea porcellus)

Ordre : rongeurs (*Rodentia*).
Sous-ordre : famille des cochons d'Inde (*Caviomorpha*).
Famille : cochon d'Inde (*Caviidae*).
Espèce : *Cavia*.
Taille : 20 à 35 cm.
Poids : jusqu'à 1800 g pour les mâles, jusqu'à 1100 g pour les femelles.
Mode de vie : en groupes.
Durée de vie : 5 à 10 ans.
Origine : Amérique du sud et centrale.
Domestication : entre 9 000 et 3 000 av. J-C.

La vie en groupe
Nous avons dit que les cochons d'Inde sont paisibles et aiment la

compagnie. Pour survivre, ils se regroupent en bandes, ne se volent pas la nourriture, se disputent et se battent à peine. Ils observent une stricte hiérarchie. Dans une tribu de cochons d'Inde il n'y a pas de place

Avant d'affronter un rival, le mâle se rend impressionnant, en se dressant sur ses pattes et en se redressant. Il s'en tient souvent à ce manège.

pour deux mâles. Seul celui qui au cours du combat pour la suprématie s'est montré le plus fort sera le pacha du harem. Aucun autre mâle ne peut approcher les femelles. Tant que les mâles sont jeunes ils vivent en groupes à l'extérieur de la famille. Quand ils sont adultes, ils leur faut trouver une femelle et fonder une nouvelle famille.

Le combat pour la suprématie : les mâles commencent par s'impressionner les uns les autres. Ils se dressent sur leurs pattes pour paraître plus gros, poussent un sifflement aigu, font claquer leurs dents et tournent l'un autour de l'autre. Chacun cherche à atteindre le flanc de l'adversaire et à lui infliger une morsure. Puis ils s'attaquent, se mordent au cou ou au poitrail. Cela peut durer 5 minutes et se répéter jusqu'à ce qu'un mâle succombe. Le plus faible est exclu du groupe. Dans l'enclos, il va mener une vie pitoyable. Il sera inexorablement écarté de la mangeoire, ne pourra dormir nulle part, et risquera de dépérir si personne n'intervient et ne le sort.

La femelle dominante : elle veille à l'ordre parmi les femelles et les petits. Elle adopte souvent un comportement particulier. Assise sur les pattes postérieures, elle bouge lentement son arrière-train et claque des dents. Le mâle dominant doit parfois intervenir, surtout lorsque la femelle dominante et une femelle de rang inférieur ne se supportent pas.

Les relations avec les petits : tant qu'ils sont encore très jeunes ils forment de petits groupes avec les femelles. Ils ne sont pas uniquement allaités par leur mère, mais également par d'autres femelles. Quand l'un des petits se sent abandonné, il pousse des cris déchirants jusqu'à ce que sa mère l'entende. Elle s'approche de lui avec un grognement sourd, flaire son nez, lui lèche le visage et le reconduit vers le groupe. A partir de la 2e semaine, les petits se joignent de plus en plus au mâle dominant, qui les détache des mères, et à partir de la troisième semaine ils ne sont plus allaités.

Leur comportement dans l'enclos : vous devez donner les petits vers la neuvième ou la dixième semaine au plus tard. Afin d'éviter des disputes, et également afin d'empêcher un accroissement incontrôlable de la progéniture.

Stratégie de survie

Les cochons d'Inde sont des animaux inoffensifs de nature.

Par contre, ils ont des aptitudes qui leur permettent de survivre à leurs nombreux ennemis : serpents, renards, oiseaux de proie. Ainsi, ils tracent par leurs allées et venues entre leurs terriers et leurs lieux de nourriture, un réseau très ramifié de chemins qu'ils connaissent très bien et qui leur permet une fuite rapide. Ils courent rapidement et agilement parmi les très hautes herbes, pour ne pas être trop vite repérés par leurs ennemis. Quand ils se déplacent, ils gardent toujours le contact entre eux, trottinent les uns derrière les autres, et placent leurs petits au milieu du groupe. Ils communiquent entre eux par des gloussements incessants.

Quand ils paissent, un animal se tient toujours à l'écart et monte la garde.

Dès qu'il perçoit le plus léger bruit, un infime changement dans son milieu, il pousse un cri, et tous les autres se mettent à l'abri. S'il ne reste aucune issue à un cochon d'Inde, il fait le mort, ce qui parfois trompe l'ennemi.

Et la nature elle-même veille à ce que l'espèce des cochons d'Inde ne puisse disparaître, grâce à leur fécondité.

Mais dans certains cas, le cochon d'Inde paisible de nature peut

Les cochons d'Inde explorent leur milieu en faisant des allées et venues sur des chemins qui vont dans toutes les directions. Ce sont des animaux sans défense qui doivent se protéger de nombreux ennemis, aussi ils créent un réseau de petits chemins qui leur permettent de se réfugier rapidement dans leur terrier.

Ce qu'exprime l'attitude des cochons d'Inde

Comportement de l'animal :	Signification de ce comportement :
Se frottent le nez mutuellement.	Font connaissance.
Se dresse sur ses pattes tendues.	Impressionne l'adversaire.
Redresse la tête en formant un angle droit.	Signe de force.
Montre les dents, la gueule grande ouverte.	La femelle repousse les mâles importuns.
S'étire.	Bonheur, repos.
Cabrioles.	Bonne humeur, pétulance.
Immobile, allongé sur le dos.	Se défend en faisant le mort.
Fait le beau.	Réclame à manger.
Allonge la tête.	Attention !
Rentre les pattes.	Détresse, besoin de protection.

Un pot de fleurs offre un bon abri.

attaquer. Cela ne se produit que dans des conditions particulièrement critiques, quand il ne reste pas d'autre issue à l'animal. Si les attitudes menaçantes n'ont pas d'effet (voir p. 57) le cochon d'Inde peut mordre.

Le langage des cochons d'Inde

Pour comprendre le langage des cochons d'Inde, il faut autant regarder qu'écouter, parce que les sons qu'ils émettent correspondent à une attitude précise. Tout le monde a déjà entendu le cri aigu du cochon d'Inde. Ce cri ressemble au sifflement d'une bouilloire, et signifie que le cochon d'Inde réclame à manger, d'ailleurs il ne l'emploie que pour s'adresser à l'homme.

Le premier son que le cochon d'Inde utilise est un gémissement aigu, celui que pousse un jeune qui s'est perdu, qui ne voit plus sa mère, ses frères et sœurs, ou qui est effrayé par un bruit. Les animaux isolés dans leur cage geignent et cherchent ainsi le contact. Nous devons alors nous occuper de notre protégé comme le fait la mère qui accourt avec un roucoulement apaisant et qui promet chaleur et protection par son doux gloussement. Le gloussement est un son qui exprime la satisfaction. Si le cochon d'Inde fait également des cabrioles, c'est un signe de grande joie.
Un grognement bougon par contre est un salut très amical. Les membres de la famille grognent ainsi quand ils se rencontrent à l'extérieur.

Dans ce bac à fleurs il y a de la place pour plusieurs.

En même temps, ils frottent leur nez l'un contre l'autre.
Le plus faible pousse un grognement envers le plus fort, baisse la tête en même temps - devant l'homme également -, et propose ainsi la paix. Si cette attitude n'est pas comprise, le grognement d'anxiété se transforme en un rageur claquement de dents, la seule attitude menaçante du cochon d'Inde. Ce grincement de dents est un prélude au combat des rivaux, et la plupart du temps tout s'arrête là. N'approchez pas votre animal quand il est agité de tremblements menaçants, parce qu'il pourrait alors vous mordre.
Le claquement de langue ronchon que pousse le mâle en s'approchant d'une femelle en chaleur accompagne la cour.
Il arrive que le cochon d'inde chantonne, qu'il pousse un cri aigu qui ressemble à un chant. C'est ce qu'a découvert un zoologue finnois, il y a dix ans. Il a observé que quand ce chant retentit, tous les membres de la famille sont silencieux un instant et écoutent attentivement. On ignore jusqu'ici le sens de ce chant.

L'ouïe, la vue, l'odorat des cochons d'Inde

L'ouïe des cochons d'Inde est excellente. Ils perçoivent les sons aigus jusqu'à 30 khz, les humains ne perçoivent que jusqu'à 20 khz. La richesse de leur "vocabulaire" atteste qu'ils utilisent intensément leur ouïe. De plus, ils réagissent davantage à

Photos ci-dessus : l'abri est indispensable. Dans la nature, les cochons d'Inde, qui ne sont pas à même de se défendre, ne peuvent se protéger de leurs ennemis que par une fuite rapide dans leurs terriers.

ce qu'ils entendent qu'à ce qu'ils voient. Par exemple, la mère ne bouge pas quand elle voit un de ses petits en danger, par contre, elle arrive aussitôt si elle l'entend crier. Ils apprennent vite à réagir selon un bruit particulier. Ils reconnaissent les humains qu'ils connaissent à leur pas et réagissent aux bruits qui évoquent la nourriture. Mes cochons d'Inde entonnent un concert enthousiaste de cris de joie dès que je remue imperceptiblement le seau dans lequel se trouvent leurs légumes. Je connais des cochons d'Inde qui se mettent à crier dès que le compartiment à légumes est ouvert et dès que leur nourriture est sortie.
La vue des cochons d'Inde est également excellente. Leur champ de vision est suffisamment étendu pour qu'ils puissent apercevoir leurs ennemis à temps, devant, sur les côtés, ou au-dessus d'eux. Des expériences ont démontré que les cochons d'Inde distinguent très bien les couleurs, particulièrement l'orange, le violet et le vert.
L'odorat des cochons d'Inde n'est pas aussi bon que celui des chiens, mais il est supérieur à celui des humains. Ils reconnaissent un animal étranger au groupe à son odeur. Mes cochons d'Inde n'appréciaient pas une cousine qui vécut un temps chez nous. Nous ne pouvions expliquer leur attitude, jusqu'à ce qu'elle change de parfum par hasard. Nous avons alors compris que les animaux n'aimaient pas le parfum de ma cousine.

Quelque chose de suspect. Le cochon d'Inde attentif, dresse la tête et cherche d'où peut venir le danger.

Ce que les cochons d'Inde peuvent apprendre

Les cochons d'Inde ne méritent pas du tout leur réputation d'animaux ennuyeux. Tout ce que j'ai évoqué jusqu'ici montre qu'ils sont charmants, vifs, et doués de facultés qu'il ne tient qu'à vous de développer. Si vous vous adaptez à leur forme d'intelligence, vous serez étonné par leurs aptitudes. Evidemment, un petit apprentissage est nécessaire, mais songez qu'un animal en captivité n'est pas autant stimulé que dans la nature.
J'ai déjà évoqué l'aptitude à distinguer les couleurs. Chacun peut faire l'expérience suivante avec son animal : étalez des récipients en plastique de couleurs différentes, mais de formes semblables, à quelque distance les uns des autres (environ 60 cm), par exemple un rouge, un jaune, un vert et un bleu. Ne placez des graines que dans le récipient rouge, laissez les autres vides. Mais avant de commencer

Le langage du cochon d'Inde

Ses cris :	Ce qu'ils signifient :
Gloussement, murmure.	Satisfaction, bien-être, conversation avec les autres.
Cri aigu.	Avertissement, cri de détresse des petits, peur, douleur, réclame à manger, (réservé pour s'adresser aux humains dans ce cas).
Roucoulement.	Apaiser, rassurer.
Claquement de dents, sifflement, ronflement.	Attaque, impressionner l'adversaire, avertissement envers le rival.
Bourdonnement, grognement.	Cri du mâle en chaleur.

l'expérience, vous devez les avoir rempli de graines que vous aurez ensuite enlevées, afin que l'animal ne puisse trouver le bon récipient à l'odeur. Placez le cochon d'Inde, qui doit avoir faim, à l'autre bout de la pièce, et laissez-le se diriger vers les récipients. Quand il a trouvé le récipient qui contient les graines, enlevez immédiatement ce récipient et laissez l'animal le chercher de nouveau. Il comprendra vite, et retournera toujours vers le récipient rouge, même si vous modifiez la disposition des récipients. Cette habitude peut présenter des inconvénients. Ainsi une amie me raconta qu'elle avait dressé son animal à manger dans un récipient rouge, et que lorsque ce récipient fut abîmé et qu'elle n'eut plus qu'un récipient bleu à sa disposition, l'animal refusa obstinément pendant assez longtemps d'y manger.
Les cochons d'Inde réagissent à la musique. Un ami de mes enfants avait l'habitude de jouer de la flûte quand il donnait à manger à ses animaux. C'était amusant d'observer comment le cochon d'Inde s'empressait d'accourir dès qu'il entendait la flûte.
Vous pouvez constater que les cochons d'Inde apprennent plus volontiers quand il s'agit de nourriture. Cela ne doit bien sûr pas vous inciter à être trop généreux avec les gourmandises, même si vous êtes touché de l'empressement de l'animal.
La mère d'une amie me racontait que son cochon d'Inde criait chaque fois qu'elle passait devant sa cage et qu'il avait faim.
C'était en effet elle qui le nourrissait. Il criait également mais d'une manière différente lorsqu'il entendait les pas de mon amie dans la cage d'escalier. Ainsi, la mère savait si c'était sa fille qui rentrait.

Index

Les numéros de pages en gras indiquent les photos couleurs et les illustrations. C = photos couvertures

Abri où dormir 11, **11**, **14**, 14, 15, 18, 46
Accessoires de la cage 10, 17
Accouplement 42
Ancêtre 51
Achat 4 - 10
Affection 26, 27
Angora (cochon d'Inde) 7, 13, 17, 27, 48, 50
Agouti (cochon d'Inde) 48
Albinos (cochon d'Inde) 49
Aliment à ronger 33, 34, **34**
Alimentation 53
Aliments préparés 31
Animaux familiers 4, 22
Apprivoiser 19, **19**, 20

Balcon 25,
Bactérielle, infection 9, 39
Bandes, groupes 4, 21, 26, s53, 54
Bassine en plastique 11
Blessures légères 39
Boiter 39
Bouteille étanche 16, 33
Boire **15**
Branches 11, 34
Brindle (cochon d'Inde) 48
Brosse 16,17, **27**, 28

Cage 4, **8**, 9, 10, 15, 18, 19, 33, 34, 38
- entretien 17, 29
- emplacement 18, 38
- litière 23
Caisse en bois 11
Castration 6
Cavia 51, 53
-*aperea porcellus* 53
Caviidae 53
Caviamorpha 53
Champignon de peau 35, **36**, 39
Chat 23, 25, 26
Chien 22, **30**
Chute de poils 8, 27
Classement zoologique 51
Cochon d'eau 51
Cochon d'Inde isolé 4
Cochon d'Inde domestique 47, 50, 51, 53
Cochon d'Inde sauvage **13,** 47
Comportement dans le groupe 54, 55
Consanguinité 45
Constipation 36, 39
Contact nez contre nez **C2**, **6**, **42**
Contrôle de santé 16, 36
Couleurs 7, 13, 41, 47
Couple 4, 5, 41
Cour 42
Courants d'air 18, 35, 38, 39
Cris 56
Cri du rut 42
Croissance 46

Dangers 29
Dents de lait 44
Dents trop longues 39
Dentition 3, 8, **25**, 34, **34**, 42, 51, 55
- contrôle 8, 28, 29
- mauvaise position des dents 28, 39
Désinfection 29, 38
- biologique 38
Déterminer le sexe 6, **7**
Diastème 51
Diarrhée 9, 36, 39
Domestication 47, 51

Eau , 30, 34
- potable 16, 33
Ecaille de tortue (cochon d'Inde) 49
Ecaille de tortue blanc (cochon d'Inde) 49
Ecarts de température 38
Ecoulement nasal 9
Ecuelle 15, **16**
Elevage 41, 47
En liberté 23, 25,
Enclos extérieur **26**
Enfants et cochons d'Inde 22
Ennui 17
Entretien 39, 47
- mauvais 39
Espèces sauvages **12**, 47, 51
Eternuement 39
Excréments 38,
- dévorés 23
- difficultés d'évacuation 36
- prélèvement 38
- trop mous 36
Excréments mous 36
Excrément produit par l'appendice 23
Excès de poids 39
Exercice physique **25**, 30, 35,39

Faire piquer 38
Familiarisation 19
Femelle 6, **34**,41, 42, 43, 44, 46, 54
Femelle dominante 54
Femelle gravide 6
Fils électriques 25
Foin 4, 15, 18, , 27, 30, 33, 34
- mangeoires à 11, 15
Foin d'avoine 15
Fond en plastique 29
Fontaine-buvette 11, **15**, 16, 29, 33, 34
Fourrage 26, 34, 35, 39, 46
- de base 31, 34
Froid 35
Fruits 30, **33**

Gestation 42
Griffes 38
- les couper 14, 28, **38**
Grillage 10, 26
Grossesse 42, 45
Groupe (vie en) 53

Hamster 19, 23
Hiérarchie **49**, 54
Hollandais (cochon d'Inde) 49
Humidité de l'air 35
Hygiène 27, 35

Impressionner 54, **54**
Incisives **25**, 28, 51

nfection 9, 39
bactérielle 9, 39
vessie 39
nflammations
des reins 39
de la vessie 39
nsectes nuisibles 27
nsolation 18, 36, 39

aponais ou arlequin
cochon d'Inde) 49
ardin 26, 27
eunes animaux 15, 19

ait 33, 44
ait maternel 44, 46
angage 56
du corps 55, 56
apins nains 22
égumes 15, 18, 21, 30,
33, 34, 44
'habituer à un autre
cochon d'Inde 41
ipides 30
itière 9, 10, 15, 29, 35,
36, 38
pour les petits animaux,
biologique 15
itière pour chats 15, 17,
23, 29
ongévité 4, 53

Maladies 7, 35, 38, 39
- carencielles 39
- intestinales 35
- de peau 27, 39
Malaises 35, 39
Mâle 6, 34, 41, 42, 43,
46, 54
Mâle dominant 54
Mangeoires 11, 15, 27
Manque d'appétit 36
Manque d'exercice
physique 35, 39
Mara 51
Maturité sexuelle 41,
45, 46, 51
Mauvais entretien 39
Mauvaise position des
dents 28, 39
Médicaments 38
- les donner **35**
Minéraux 30, 33
Mode de vie 53
Mue du pelage 27
Mutation 7, 47

Naissance 41, 43, 45, **45**,
46
Nettoyage 10
Nettoyage de la cage 10
Nidifuge 44, 51
Nourriture 27, 34, 35, 39,
46
- insuffisamment variée
39
Nouveau-nés 43
Nutria 53

Orties 30
Odorat 57
Opération de castration 6
Oreille 8
Origines 47
Organes internes 51
Ouïe 18s, 57

Pacarana 53
Paille 15, 19
Pain dur 28, 33
Parasites 27,35, 36, 39
Parents du cochon
d'Inde 51
Pattes antérieures **38**
Pattes postérieures **38**
Peigne 16, 17, **27**, 28
Pelage 7, 8, 39, 48, 50
- soin 16, 27, 28
- mue 27
Pelage à structure
particulière 49, 50
Perroquets 23
Perruches 23
Péruvien (cochon
d'Inde) 7, 50
Petits 41, 42, 43, 45, 46,
51
Pissenlit 44, **30**
Plantes 30, 31, 33
Plat pour les besoins, ou
plat de propreté 10, 23
Poils
- court 7, 48
- lisse **C1**, 7, **12**, 13, 17,
27, 48, **C4**
- long 50
- ras **C1**, **13**, 7, 27, 47-50
Porter 21, 22, **22**, **23**
Prendre dans ses
bras 21, **22**, **23**
Progéniture 6, 41, 55
Propreté 23, 27, 38
Protection 25, 26, 47, 56
Protéines 30
Produits désinfectants 38

Races de cochons d'Inde
- abyssinien 49
- anglais 7, 48
- anglais à damier 48
- anglais couronné 50
- à poil court 7, 48
- à poil lisse **C1**, 7, **12**,
13, 17, 27, 48, **C4**
- à poil long 50
- à poil ras **C1**, **13**, 7, 27,
47-50
- couronné américain 50
- des rochers 51
Récipient 15, 29, 58
Ragondin 53
Refroidissements 18
Reins, inflammation 39
Reproduction 4, 41, 45,
55
Rex (cochon d'Inde) 50
Rhume 36
Robe 7, 13, 47, 50
Rodentia 53
Rongeurs 47, 51, **53**
Rosette (cochon d'Inde) 7,
12, **13**, 17, 27, 48, 49
Russe (cochon d'Inde) 49

Santé contrôle 8, 16, 27,
36
Satin (cochon d'Inde) 50
Saignement léger 39
Sécurité 25-27
Sens des cris 59
Sentiers 55
Sexe 41
Silhouette 50
Soins du corps 27, 28, 29
- du pelage 16, 27, 28
Sommeil **11**
Souris 23

Tête 50
Température 25
- écarts de 35, 38
Toilette **27**, **28**, 46
Terriers 14, 26, 51
Tomber 29
Tricolore 49
Tschudi 51

Unicolore 49
Urine 11, 29

Vacances 4, 9
Vers 39
Vessie, infection 39
Vétérinaire 4, 36, 38
Vie de famille 43, 46, **46**
Virus 35
Vitamines 30, 31, 33
Vue 58

Yeux 8, 9, 43
Yeux noirs 48, 49, 50
Yeux rouges 48,49, 50

Zoologique classement 51

Adresses et bibliographie

Adresses

Société centrale d'aviculture de France
34, rue de Lille, 75007 Paris
Tél : 01 42 61 26 44

Club des amateurs des lapins nains
et des cobayes de France
23, rue du Moutier, 95300 Ennery
Tél. : 01 30 73 04 83
- vend le Standard officiel des cobayes de race par correspondance ;
- service vétérinaire gratuit pour les adhérents ;
- conseil pour la génétique par un spécialiste.

Questions concernant la santé du cochon d'Inde :
S.P.A., Société Protectrice des Animaux
39, bd Berthier, 75017 PARIS
Tel. : 01 43 80 40 66

AFIRAC, Association Française d'Information
et de Recherche sur l'Animal de Compagnie
32, rue de Trévise, 75009 Paris
Tél. : 01 56 03 12 00

Bibliographie

Les cobayes ou cochons d'Inde
Jacques Bouloc
Editions Bornemann, Paris, 1986

Le monde en treize volumes
Tome XI : mammifères
Editions Stauffacher

Standard officiel des cobayes de race
Commission des standards
de la société centrale
d'aviculture de France
1er semestre 1989, Paris

30 millions d'amis - La vie des bêtes
43, rue du colonel Pierre-Avia
75754 Paris Cedex 15

Animaux magazine
Revue officielle
de la Société Protectrice
des Animaux
39, bd Berthier
75017 Paris

Photo de couverture :
Quatrième : cochons d'Inde à poil lisse;

Crédits photographiques :
toutes les photos sont de Karin Skogstad
à l'exception de :
Altrichter : 12 en haut à gauche et à droite, 12
milieu droit ; Wegler : 40.
Photo de couverture : © Français/Cogis

L'édition originale de cet ouvrage a été
publiée sous l'intitulé *Meerschweinchen,*
richtig pflegen und verstehen par Gräfe
und Unzer GmbH, München.

Traduction : Florence Sénès.
Secrétariat d' édition, composition et
maquette intérieure : Société Les Cours, Caen.
Conception graphique et réalisation de la couverture :
Guylaine et Christophe Moi.
Dépôt légal : mars 2005
ISBN : 2.01.017404.6
Impression : G. Canale & C. S.p.A. à Turin, Italie.
62.65.0465.11.5